T0210012

essentials

essentials liefern aktuelles Wissen in konzentrierter Form. Die Essenz dessen, worauf es als „State-of-the-Art" in der gegenwärtigen Fachdiskussion oder in der Praxis ankommt. *essentials* informieren schnell, unkompliziert und verständlich

- als Einführung in ein aktuelles Thema aus Ihrem Fachgebiet
- als Einstieg in ein für Sie noch unbekanntes Themenfeld
- als Einblick, um zum Thema mitreden zu können

Die Bücher in elektronischer und gedruckter Form bringen das Expertenwissen von Springer-Fachautoren kompakt zur Darstellung. Sie sind besonders für die Nutzung als eBook auf Tablet-PCs, eBook-Readern und Smartphones geeignet. *essentials:* Wissensbausteine aus den Wirtschafts, Sozial- und Geisteswissenschaften, aus Technik und Naturwissenschaften sowie aus Medizin, Psychologie und Gesundheitsberufen. Von renommierten Autoren aller Springer-Verlagsmarken.

Weitere Bände in der Reihe http://www.springer.com/series/13088

Hannah Kindler · Florian Weber ·
Olaf Kühne · Gerhard Halder

Wissenschaftlich Arbeiten in Geographie und Raumwissenschaften

Ein Überblick

Hannah Kindler
Forschungsbereich Geographie
Eberhard Karls Universität Tübingen
Tübingen, Deutschland

Florian Weber
Fachrichtung Geographie | Europastudien
Universität des Saarlandes
Saarbrücken, Deutschland

Olaf Kühne
Forschungsbereich Geographie
Eberhard Karls Universität Tübingen
Tübingen, Deutschland

Gerhard Halder
Forschungsbereich Geographie
Eberhard Karls Universität Tübingen
Tübingen, Deutschland

ISSN 2197-6708 ISSN 2197-6716 (electronic)
essentials
ISBN 978-3-658-25630-2 ISBN 978-3-658-25631-9 (eBook)
https://doi.org/10.1007/978-3-658-25631-9

Die Deutsche Nationalbibliothek verzeichnet diese Publikation in der Deutschen Nationalbibliografie; detaillierte bibliografische Daten sind im Internet über http://dnb.d-nb.de abrufbar.

Springer VS

Springer VS ist ein Imprint der eingetragenen Gesellschaft Springer Fachmedien Wiesbaden GmbH und ist ein Teil von Springer Nature
Die Anschrift der Gesellschaft ist: Abraham-Lincoln-Str. 46, 65189 Wiesbaden, Germany

Was Sie in diesem *essential* finden können

- Eine allgemeine Einführung in das schriftliche wissenschaftliche Arbeiten und damit verbundene Qualitätskriterien.
- Eine Ausdifferenzierung des wissenschaftlichen Arbeitens mit einem Fokus auf Geographie und Raumwissenschaften nach thematischen, methodischen, strukturellen, sprachlichen und formalen Ansprüchen.
- Hinweise zur Vorstellung von Forschungsergebnissen in Form von Präsentation, Poster und Film.
- Weiterführende Literatur zur Vertiefung.

Inhaltsverzeichnis

Einführung: Warum wissenschaftlich arbeiten?

Entscheiden Sie sich für ein Studium an einer Universität, ist die Erlangung der Fähigkeit zum ‚wissenschaftlichen Arbeiten‘ unerlässlich. Sie entscheidet nicht nur wesentlich über die *Qualität* der eigenen Texte im akademischen Kontext, sondern auch über den *Erfolg* des Studiums. Gerade zu Studienbeginn können hier einige ‚Tücken lauern‘. Daher soll dieses *essential* einen einführenden Überblick über die Notwendigkeit und die Praxis des wissenschaftlichen Arbeitens vermitteln.

Um die Notwendigkeit einer wissenschaftlichen Arbeitsweise nachvollziehen zu können, muss einleitend auf die Frage eingegangen werden, was unter ‚Wissenschaft‘ verstanden wird (dazu auch Kasten 1.1). Gemäß Endruweit (2015, S. 15) ist Wissenschaft als „der Bereich menschlicher Tätigkeit [zu definieren][1], in dem mit dem Ziel gearbeitet wird, Wissen zu produzieren (Forschung) und zu systematisieren (Theorie)." Dementsprechend kommen auch Balzert et al. (2010, S. 3) zu dem Schluss, dass Wissenschaft der Organisation von Wissen verschrieben ist und folglich dem Ziel der Erkenntnisgewinnung dient (Karmasin und Ribing 2017, S. 83). In diesem Zusammenhang muss zwischen *wissenschaftlichem* und *alltäglichem* Wissen unterschieden werden. Hier liefert Voss (2017, S. 34) einige grundlegende Anhaltspunkte: Alltagswissen lässt sich von wissenschaftlichem Wissen anhand dreier Kriterien unterscheiden: der Entstehung, der intersubjektiven Nachprüfbarkeit und der Wissensweitergabe. Während das Alltagswissen auf persönlichen Erfahrungswerten fußt und auf die

---

[1]Das Zitat wurde gegenüber dem Original leicht angepasst. Dies wird durch die *eckigen Klammern* gekennzeichnet. Das „zu definieren" wurde ergänzt. Um dies hier zu kennzeichnen, wurde entsprechend [zu definieren] mit Klammern versehen. Würden Sie in einem Zitat etwas weglassen, wäre dies so zu kennzeichnen: […].

© Springer Fachmedien Wiesbaden GmbH, ein Teil von Springer Nature 2019
H. Kindler et al., *Wissenschaftlich Arbeiten in Geographie und Raumwissenschaften,* essentials, https://doi.org/10.1007/978-3-658-25631-9_1

eigenen Lebenswelten ausgerichtet ist, begründet sich wissenschaftliches Wissen aus intersubjektiv nachvollziehbaren Forschungsergebnissen. Darüber hinaus können abweichende Beobachtungen bezüglich des unterschiedlichen Grades an Objektivität der jeweiligen Wissensarten (Alltags- versus wissenschaftliches Wissen) gemacht werden. Die deutliche subjektive Prägung des aus Erfahrungswerten abgeleiteten Alltagswissens steht der angestrebten Intersubjektivität und dem damit einhergehenden Ideal der Unabhängigkeit der Forscher*innen des wissenschaftlichen Wissens gegenüber. Abschließend ist die Wissensweitergabe in die alltägliche Praxis durch Handlungen, die Alltagssprache oder Veröffentlichungen in Publikumszeitschriften von der Weitergabe wissenschaftlichen Wissens durch die Wissenschaftssprache und fachbezogene Veröffentlichungen zu unterscheiden.

▶▶ **Kasten 1.1: Wissenschaft und Forschung**

Sind Forschung und Wissenschaft synonyme Begriffe? Um eine Antwort auf diese Frage zu finden, ist zunächst zu überlegen, wer denn genau forscht. Neben den Universitäten und anderen Hochschulen werden Ihnen vielleicht auch Großforschungseinrichtungen einfallen, wie z. B. Institute der Max-Planck- und Fraunhofer-Gesellschaften oder Helmholtz- und Leibniz-Gemeinschaften. Gleichzeitig findet der größte Teil der Forschung in Deutschland nicht in öffentlichen Organisationen statt, sondern in der Privatwirtschaft. Die Großindustrie, Mittelständler, aber auch viele unternehmensorientierte Dienstleister sind bedeutende Träger von Forschungsaktivitäten, die sie teilweise gemeinsam mit den genannten öffentlichen Forschungseinrichtungen im Zuge einer Verbundforschung ausüben. Aufbauend auf diesen Überlegungen lässt sich als Merkmal von Forschung ein zielgerichteter und regelgeleiteter Prozess definieren. Betreiben die Unternehmen damit auch Wissenschaft? Diese Frage lässt sich verneinen, da zu Wissenschaft einerseits eine Unabhängigkeit und Neutralität gehört, welche die Privatwirtschaft aus guten Gründen nicht anstrebt. Vor allem wegen des unmittelbaren Profit- und Verwertungsinteresses bewegt sich die private Forschung vor allem auf dem Gebiet der Anwendungsorientierung (angewandte Forschung) – erneut im Unterschied zur Wissenschaft, die zudem auch Grundlagenforschung betreibt. Dabei handelt es sich um Forschung, die ohne konkreten Anwendungsbezug betrieben wird und explizit dem Erkenntnisgewinn dient. Weshalb ist die Grundlagenforschung dann überhaupt notwendig, wenn kein Anwendungsnutzen erkennbar ist? Sie ist erforderlich, da oft auf ihr aufbauende Forschungen möglich werden, die zu bahnbrechenden Innovationen führen. So wären ohne die früheren Erfolge in der Quantenmechanik und der Optik weder Elektronenmikroskope noch Blue-Ray-Player möglich gewesen. Eine wesentliche Voraussetzung für kreative Grundlagenforschung ist die Freiheit der Wissenschaft, auch unkonventionelle oder abseits des wissenschaftlichen ‚Mainstreams' liegende Ideen verwirklichen zu können. Allerdings sollten sich auch Querdenker*innen der Wissenschaftlichkeit verbunden fühlen, die Eugen Wirth (1979) als früher Vertreter der ‚theoretischen Geographie' anhand von drei Leitgedanken formulierte: Suche nach Intersubjektivität, Offenheit gegenüber Kritik und intellektuelle Redlichkeit. Dies erscheint auch heute noch als ein guter Ausgangspunkt, obwohl die erkenntnistheoretischen Perspektiven der Wissenschaft deutlich vielfältiger sind (dazu u. a. Egner 2010).

Quelle: Eigene Zusammenstellung

Das wissenschaftliche Wissen soll durch eine einhergehende wissenschaftliche Arbeitsweise gewonnen werden. Die hierfür verwendeten Methoden sind zum einen zwischen den verschiedenen Fachdisziplinen und zum anderen innerhalb einzelner Disziplinen unterschiedlich (Rost 2018, S. 14). Dies gilt beispielhaft verdeutlichend für die Geographie, deren methodisches Vorgehen im Rahmen humangeographischer Forschung quantitativ oder qualitativ sozialwissenschaftlich ausgerichtet werden kann, wohingegen physisch geographische Forschung eher auf naturwissenschaftlichen Methoden wie Kartierung, Messungen oder Laborarbeiten basiert (Baade et al. 2014, S. 47–48). Dennoch gibt es verschiedene Qualitätskriterien des wissenschaftlich ‚sauberen' Arbeitens, die übergreifend Gültigkeit besitzen. So muss jede wissenschaftliche Arbeit eine gewisse Relevanz besitzen, die sich daraus ergibt, dass vorhandenes Wissen systematisiert und reflektiert, neues Wissen erschlossen wird oder konkrete Lösungen für einzelne Praxisprobleme erarbeitet werden (im Überblick siehe auch Tab. 1.1). Eng damit verbunden ist der Anspruch der Originalität, also der Erbringung eigenständiger Leistungen, bspw. durch die Definition eines neu konzipierten Modells oder die Formulierung alternativer Lösungswege für ein bestehendes Problem. Darüber hinaus hat jegliche wissenschaftliche Arbeit, die den Anspruch der Wissenschaftlichkeit für sich erhebt, dem Kriterium der inhaltlichen und methodischen Unabhängigkeit zu genügen. Da wissenschaftliches Arbeiten das Ziel verfolgt, belegbare Erkenntnisse zu generieren, ist ein weiteres wichtiges Kriterium die Überprüfbarkeit, die durch das Belegen von Aussagen gewährleistet wird. Ein weiteres Qualitätskriterium liegt in der Verständlichkeit, die die Grundlage dafür

Tab. 1.1 Wissenschaftliche Qualitätskriterien im Überblick

Kriterium	Eigenschaften
Relevanz	Vorhandenes Wissen wird systematisiert bzw. reflektiert, neues Wissen wird erschlossen oder Wissen wird auf Praxisbeispiele angewandt
Originalität	Erbringung einer eigenständigen Leistung
Unabhängigkeit	Bezüglich des Inhalts und der verwendeten Methodik(en)
Überprüfbarkeit	Die Arbeit muss die Korrektur von Fehlern durch Dritte gewährleisten, was z. B. durch eine nachvollziehbare Darstellung des methodischen Vorgehens, der lückenlosen Angabe genutzter Quellen etc. ermöglicht wird
Verständlichkeit	Sprachlich verständliche Darlegung des Inhalts (bzgl. Satzbau, wissenschaftliche Sprache)
Logik	Folgerichtige Schlussfolgerungen und logische Argumentation
Validität	Prüfung der Genauigkeit: wird das erhoben/gemessen, was auch erhoben/gemessen werden soll?
Nachvollziehbarkeit	Inhalt und methodisches Vorgehen können von Dritten nachvollzogen werden
Objektivität	Die Ergebnisse sind unabhängig von der messenden Person
Reliabilität	Maß für die Zuverlässigkeit der gewonnenen Daten

Quelle: Eigene Zusammenstellung

bildet, dass die gewonnenen Ergebnisse durch Dritte weiterverwendet und überprüft werden können. Darüber hinaus hat die inhaltliche Argumentation einer gewissen Logik zu folgen, deren Begründung hinreichend überprüfbar und in ihrer Schlussfolgerung folgerichtig sein muss. Die Prüfung der Validität gewährleistet, dass nur jene Daten erhoben werden, die entsprechend des Forschungsgegenstandes tatsächlich relevant sind. So kann z. B. sichergestellt werden, dass die Fragen eines Interviews präzise formuliert werden oder eine gewählte Stichprobe ausreichend repräsentativ ist (Repräsentativität bedeutet, dass alle Merkmalsträger der Grundgesamtheit die gleiche Chance haben, in die Stichprobe zu gelangen und der Umfang der Stichprobe groß genug ist, um mit hinreichender Wahrscheinlichkeit der Grundgesamtheit zu entsprechen). Die Nachvollziehbarkeit der eigenen Arbeit gewährleistet, dass sowohl Inhalt als auch das methodische Vorgehen für Dritte einsichtig sind und überprüft werden können. Folglich ist hier eine enge Wechselwirkung mit den Qualitätskriterien wie etwa der Überprüfbarkeit, Verständlichkeit, Validität und Objektivität zu erkennen (Balzert et al. 2010, S. 15–29; vgl. auch Tab. 1.1). Die Objektivität gewährleistet, dass die gewonnenen Ergebnisse unabhängig von der messenden Person gewonnen werden können. Eng damit verbunden ist die Reliabilität als Maß für die Zuverlässigkeit der gewonnenen Daten. Es wird also deutlich, dass die Sinnhaftigkeit des wissenschaftlichen Arbeitens und der entsprechenden Qualitätskriterien darin begründet ist, dass einerseits die Erkenntnisgewinnung erleichtert wird und gewonnenes Wissen andererseits nachvollziehbar zugänglich gemacht und somit verwertbar wird (Balzert et al. 2010, S. 3). Die Bedeutung der unterschiedlichen Qualitätskriterien wird – in Abhängigkeit vom wissenschaftstheoretischen Zugang und der gewählten Methodik – durchaus unterschiedlich gewichtet. So zweifeln konstruktivistische Ansätze daran, dass ‚Objektivität' erreicht werden kann, allerdings bildet der Kanon der in Tab. 1.1 genannten Kriterien eine wesentliche Leitlinie für das wissenschaftliche Arbeiten.

Mit einem Überblick über das Thema des wissenschaftlichen Arbeitens in der Geographie und anderen Raumwissenschaften möchten wir dazu beitragen, dass dieser ‚Koloss' der Wissenschaftlichkeit mit all seinen Regeln und Vorschriften etwas bezwingbarer und zugänglicher erscheint. Aber welche Kriterien sind für eine erfolgreiche Erstellung einer wissenschaftlichen Arbeit entscheidend und was gilt es zu beachten? Hierzu wird in den folgenden Kapiteln auf die unterschiedlichen Ansprüche eingegangen, die wissenschaftliche Forschungsarbeiten zu erfüllen haben. Dazu gehören neben dem thematischen (Kap. 2), methodischen (Kap. 3) und strukturellen Anspruch (Kap. 4) auch gewisse sprachliche (Kap. 5) und formale Kriterien (Kap. 6), deren Einhaltung für eine gelungene Arbeit entscheidend sind. In Ergänzung zur schriftlichen wissenschaftlichen Arbeit werden die mündliche Präsentation, das Poster und das Video als weitere Formen wissenschaftlicher Arbeit und Wissensweitergabe angerissen (Kap. 7). In einem abschließenden Fazit (Kap. 8) werden die wichtigsten Aspekte noch einmal zusammengefasst.

Thematischer Anspruch: Forschungsthemen identifizieren und eingrenzen

2

Da die thematischen Kriterien und deren Erfüllung bereits den Grundstein für Ihre wissenschaftliche Arbeit legen und maßgeblich über ihr Gelingen entscheiden, widmen wir uns diesen zuerst. Denn dieser erste, entscheidende Schritt lässt nicht nur Studierende straucheln, sondern unter Umständen sogar jene, die auf eine jahrelange Erfahrung zurückgreifen können. Daher werden in diesem Kapitel die Anforderungen erläutert, denen ein Forschungsthema zu genügen hat (Abschn. 2.1), Wege zur Themeneingrenzung (Abschn. 2.2) und verschiedene Methoden vorgestellt, die der Themenfindung dienlich sein können (Abschn. 2.3).

2.1 Kriterien für ein Forschungsthema

Eine wissenschaftliche Arbeit widmet sich immer einer spezifischen Problemstellung (dem Forschungsthema), die von einer gewissen wissenschaftlichen Relevanz ist. Es wird selten ein Themenkomplex in Gänze bearbeitet, sondern ein bestimmter Teilaspekt, der durch die Forschungsfrage eingegrenzt wird. Diese stellt also die Grundlage jeglichen wissenschaftlichen Arbeitens dar (Franck 2017, S. 97). Folglich muss der Umfang der anzufertigenden Arbeit die Beantwortung der Forschungsfrage erlauben (Franck und Stary 2013, S. 24–25). Vor diesem Hintergrund ist ihre Formulierung der erste entscheidende Schritt, der über die Qualität der Arbeit entscheidet. Entwickeln Sie also *aktiv* eine Forschungsfrage, die sich zum Ende *klar* und *nachvollziehbar* beantworten lässt. Um einen Überblick über die Kriterien zu erhalten, die eine ‚gute‘ von einer ‚schlechten‘ Forschungsfrage unterscheidet, können Sie sich an einer Checkliste orientieren (siehe Kasten 2.1).

© Springer Fachmedien Wiesbaden GmbH, ein Teil von Springer Nature 2019
H. Kindler et al., *Wissenschaftlich Arbeiten in Geographie und Raumwissenschaften,* essentials, https://doi.org/10.1007/978-3-658-25631-9_2

▷ **Kasten 2.1: Checkliste für eine gute Forschungsfrage**

- fachliche Relevanz ist gegeben
- besteht aus einer Hauptfrage und ggf. ergänzenden Unterfragen
- knappe und präzise Formulierung
- ermöglicht die Diskussion und Argumentation bezüglich des Forschungsgegenstandes
- lässt sich im Rahmen der geforderten/zulässigen Länge der Arbeit beantworten
- ermöglicht eine Schlussfolgerung
- Frage dem persönlichen Interesse folgend schärfen

Quelle: Eigene Zusammenstellung

Ihre ersten Überlegungen sollten sich dabei auf die Wissenschaftlichkeit Ihrer Forschungsfrage konzentrieren (dazu auch Tab. 1.1). Die eigentliche Forschungsfrage besteht schließlich aus einer Hauptfrage, die gegebenenfalls durch eine oder mehrere Forschungsfrage/n präzisiert wird, wobei Haupt- sowie Unterfragen so präzise wie möglich und so knapp wie nötig zu formulieren sind (Franck 2017, S. 97). Denn die knappe Formulierung erhöht die Verständlichkeit, eine präzise formulierte Fragestellung erleichtert nicht nur die Suche nach passender Literatur, sondern dient auch der inhaltlichen Stringenz der Arbeit (Ebster und Stalzer 2017, S. 39). Die gewählte Forschungsfrage muss außerdem ermöglichen, dass der Forschungsgegenstand diskutiert und bezüglich der Frage argumentiert sowie eine abschließende Schlussfolgerung gezogen werden kann. Schließlich ist im Rahmen eines selbstgewählten Themas das persönliche Interesse an der eigenen Arbeit als wichtigem motivationssteigerndem Faktor nicht zu unterschätzen (Franck 2017, S. 97), wobei hier einer präzisen Frageformulierung eine umso größere Bedeutung zukommt, um zu vermeiden, dass, geleitet von der eigenen Begeisterung für das Thema, der ‚rote Faden' außer Acht gelassen wird. Eine weitere Hürde kann in der emotionalen Verflochtenheit mit dem eigenen Thema liegen, was die Wahrung von Distanz erschweren kann (Franck und Stary 2013, S. 17–18). Abschließend liegt ein grundsätzlicher Vorteil darin, eine Forschungsfrage nicht als eine ‚Warum'- Frage, sondern als ‚Wie'-Frage zu formulieren, da die Erklärung des ‚Warum' eine schier endlose Kausalkette mit sich bringen kann, mit der Gefahr, sich darin zu verlieren, während die Frage nach dem ‚Wie' in ihrer Beantwortung eine konkrete Erläuterung einfordert (Frank et al. 2013, S. 18). So lässt sich das Thema ‚Klimawandel' von seinen atmosphärenphysikalischen Zusammenhängen über wirtschaftsgeographische Zusammenhänge bis hin zu internationalen politischen Verträgen abhandeln, was für eine Arbeit im Kontext eines Studiums aber nicht angemessen leistbar ist. Eine Fokussierung auf spezifisch ausgewählte Aspekte des Klimawandels in einer konkreten Region lässt sich hingegen komprimiert eher bearbeiten. Damit sind wir auch bei dem nächsten Thema angelangt, der Eingrenzung des Forschungsthemas.

2.2 Eingrenzung des Forschungsthemas

Wie im vorangegangenen Teilkapitel bereits erläutert, bedarf es im Rahmen wissenschaftlicher Arbeiten in der Regel einer deutlichen thematischen Eingrenzung. In Anlehnung an Franck und Stary (2013, S. 155) können mögliche Eingrenzungen aufgrund geographischer/raumbezogener, zeitlicher oder institutioneller Aspekte erfolgen. Darüber hinaus kann entsprechend einer spezifischen Theorie bzw. eines Konzepts sowie deren Vertreter*innen differenziert geforscht werden. Eine weitere Möglichkeit besteht darin, einen inhaltlichen Fokus auf einzelne Personen oder Personengruppen zu legen. Abschließend kann nach Quellentyp, spezifischen Disziplinen oder einem bestimmten Teilaspekt unterschieden werden. In der nachfolgenden Zusammenstellung wird am Beispiel der nachhaltigen Entwicklung eine exemplarische Eingrenzung für jede der genannten Möglichkeiten vorgenommen (Tab. 2.1).

Am Beispiel der geographischen Eingrenzung wird deutlich, dass das Forschungsthema sehr viel umfangreicher ausfällt, als es im Rahmen bspw. einer studentischen Arbeit bearbeitet werden kann. So könnten inhaltlich u. a. folgende Fragen eher beantwortet werden:

- Welchem Wandel unterlag das Leitbild der nachhaltigen Entwicklung in Deutschland in den letzten drei Jahrzehnten?
- Wie wird eine nachhaltige Entwicklung, deutschen Umweltverbänden folgend, definiert und welche Probleme und Chancen nehmen diese bezüglich Nachhaltigkeit wahr?
- Welche Beachtung findet die nachhaltige Entwicklung in der politischen Debatte Deutschlands?
- Wie werden Zielsetzungen einer nachhaltigen Entwicklung auf den unterschiedlichen Planungsebenen implementiert? → Hier wäre eine zusätzliche Ausdifferenzierung zwischen der Ebene des Bundes, der Länder, Regionen und Kommunen möglich.

Es liegt nahe, dass häufig spätestens während der Formulierung der Forschungsfrage unterschiedliche Möglichkeiten der Eingrenzung kombiniert werden, um der eigenen Forschungsfrage die nötige Konkretisierung zu verleihen. Dabei ist jedoch stets zu beachten, dass an geeigneter Stelle (in der Regel in der Einleitung)

Tab. 2.1 Möglichkeiten der thematischen Eingrenzung des Forschungsthemas

Eingrenzung	Beispiel
Geographisch/ raumbezogen	Das Leitbild der nachhaltigen Entwicklung *in Deutschland*
Zeitlich	Das Leitbild der nachhaltigen Entwicklung *in den 1990er Jahren*
Institution	Das Leitbild der nachhaltigen Entwicklung innerhalb kommunaler Planungseinrichtungen
Theorien/Konzepte bzw. deren Vertreter*in	Das Leitbild der nachhaltigen Entwicklung *nach dem Drei-Säulen-Modell* Das Leitbild der nachhaltigen Entwicklung *nach Stahlmann*
Person/Personengruppe	Das Leitbild der nachhaltigen Entwicklung *im Verständnis von Georg Ludwig Harting* Das Leitbild der nachhaltigen Entwicklung *im Verständnis von kommunalen Akteur*innen*
Quelle	Die Darstellung des Leitbildes der nachhaltigen Entwicklung in Tageszeitungen
Spezifische Disziplin	Das Leitbild der nachhaltigen Entwicklung *aus stadtgeographischer Perspektive*
Einzelner Aspekt	Das Leitbild der nachhaltigen Entwicklung und *damit einhergehende lokale Nutzungskonflikte*

Quelle: Eigene Zusammenstellung

dargelegt werden muss, *warum* die Entscheidung für die gewählte Eingrenzung getroffen wurde und andere Aspekte ausgelassen werden (Franck und Stary 2013, S. 155). Am Beispiel der nachhaltigen Entwicklung kann ein Forschungsthema folgendermaßen formuliert werden: ‚Das Leitbild der nachhaltigen Entwicklung im Saarland und der Ausbau erneuerbarer Energien auf kommunaler Ebene'. Eine Konkretisierung ist mit dem Fokus auf Nutzungskonflikte, die aus dem Ausbau erneuerbarer Energien resultieren, möglich. Die entsprechende Forschungsfrage kann somit lauten: ‚Wie lassen sich aus der Perspektive unterschiedlicher Akteur*innen in der Gemeinde XY der Ausbau erneuerbarer Energien mit Leitbildvorstellungen zugunsten einer nachhaltigen Entwicklung im Saarland vereinbaren?'

2.3 Methoden zur Themenfindung

Nachdem Sie in den Teilkapiteln 2.1 und 2.2 erfahren haben, welche Kriterien an ein Forschungsthema gestellt werden und welche Möglichkeiten der Eingrenzung existieren, werden Ihnen nun drei Methoden vorgestellt, die Sie bei der Themenfindung unterstützen können. So soll vermieden werden, dass Sie sich bei der Bearbeitung ihres Themas entweder einem scheinbar unüberwindbaren ‚Literaturberg' gegenübersehen oder im anderen Extremfall den Eindruck haben, dass zu Ihrem gewählten Thema keine wissenschaftlich verwertbare Literatur existiert. Aufgrund des sehr vielfältigen Methodenkanons kann an dieser Stelle allerdings nur ein punktueller Einblick gegeben werden. Eine zusätzliche Recherche, um die jeweils persönlich passende Methode zu finden, ist demnach durchaus ratsam.

Ebster und Stalzer (2017, S. 30–34) unterscheiden bezüglich der Themenfindung drei Vorgehensweisen: die *literaturbasierte Strategie,* die *interpersonelle Strategie* und die *persönliche Strategie.* Das *literaturbasierte Vorgehen* beschreibt die Themensuche auf Basis von Fachliteratur (z. B. Monographien oder Artikeln in Fachzeitschriften (hierzu Abschn. 3.1), die in ihrem Fazit häufig offene Fragen formulieren, deren Klärung es durch weiterführende Forschung bedarf. Diese formulierten Fragen können aufgegriffen und der eigenen Arbeit angepasst werden. Die *interpersonelle Strategie* beschreibt die Themenfindung durch Gespräche mit Dritten, wie bspw. Professor*innen bzw. Mitarbeiter*innen des jeweiligen Fachgebietes oder externe Fachexpert*innen. Als letzte Strategie wird die *persönliche Strategie* angesprochen, die vor allem auf der Anwendung von kreativen Methoden beruht. Im Folgenden werden das Vorgehen und das Ziel dreier dieser Kreativitätstechniken genauer erläutert: *Befragung des Themas,* das *Clustering* und die *Mindmap.*

Als erstes sei hier die *‚Befragung des Themas'* in Anlehnung an Rettig (2017, S. 26) genannt. Ziel dieser Methode ist noch nicht per se die Formulierung einer Fragestellung, sondern vielmehr eine Annäherung an das Forschungsthema, um Aspekte herauszufiltern, die durch eine entsprechende Forschungsfrage näher erörtert werden können. Hierfür schlägt Rettig (2017, S. 26) ein ausführliches Fragenset vor, das sich exemplarisch anhand des Themas der nachhaltigen Entwicklung veranschaulichen lässt (vgl. Tab. 2.2).

Ergänzend bietet sich das *Clustering-Vorgehen* an, das ursprünglich entwickelt wurde, um Schreibblockaden zu lösen, sich allerdings auch als Methode der Themenfindung bewährt hat (Bensberg und Messer 2014, S. 239). Der Vorteil dieser Methode besteht darin, dass die sonst getrennt arbeitende rechte und linke Gehirnhälfte dazu angeregt werden, zusammenzuarbeiten, wodurch originelle Ideen entwickelt werden können (Esselborn-Krumbiegel 2017b, S. 38).

Tab. 2.2 Annäherung an ein Forschungsthema durch ‚Befragung des Themas'

W-Frage	Konkrete Fragen
Wer?	Wer hat sich das erste Mal mit dem Thema einer ‚nachhaltigen Entwicklung' beschäftigt? Wer sind die Hauptvertreter*innen dieses Themas? Wer kritisiert welches Nachhaltigkeitskonzept?
Was?	Was macht eine nachhaltige Entwicklung aus? Was verstehen die unterschiedlichen Vertreter*innen unter nachhaltiger Entwicklung?
Wie?	Wie wurde und wird nachhaltige Entwicklung im Verlauf der Jahrzehnte/ Jahrhunderte definiert? Wie unterscheiden sich die Nachhaltigkeitsdimensionen voneinander?
Welche?	Welche Forschungslücken gibt es? Welche unterschiedlichen Positionen bestehen zur nachhaltigen Entwicklung?
Wann?	Wann wurde das erste Mal von nachhaltiger Entwicklung gesprochen? Wann begann Politik, sich mit dem Thema einer nachhaltigen Entwicklung zu beschäftigen?
Wie lange?	Wie lange wird nachhaltige Entwicklung bereits diskutiert? Wie lange wird bereits von verschiedenen Nachhaltigkeitsdimensionen gesprochen?
Wie oft?	Wie oft wird Konflikt in Artikeln der Süddeutschen Zeitung im Zusammenhang mit einer nachhaltigen Entwicklung genannt?
Wo/Woher?	Wo findet eine nachhaltige Entwicklung in der Praxis bereits Beachtung und wo nicht? Woher stammt der Begriff der nachhaltigen Entwicklung ursprünglich?
Warum?	Warum widmet sich die Forschung einer nachhaltigen Entwicklung? Warum wird eine nachhaltige Entwicklung positiv oder negativ bewertet?
Wozu?	Wozu kann eine nachhaltige Entwicklung von Nutzen sein?
Worüber?	Worüber wird in wissenschaftlicher Fachliteratur bezüglich nachhaltiger Entwicklung debattiert? Worüber wurde bisher in Bezug auf nachhaltige Entwicklung noch nicht geforscht?
Auf welche Weise?	Auf welche Weise beeinflusst eine nachhaltige Entwicklung die Planung? Den Naturschutz? Die Energiewende? …
Entscheidungs-fragen	Sind alle Nachhaltigkeitsdimensionen gleich zu gewichten? Ist die gänzliche Umsetzung einer nachhaltigen Entwicklung möglich? Kann die gleichwertige Beachtung aller Nachhaltigkeitsdimensionen gewährleistet werden?

Quelle: Eigene Zusammenstellung in Anlehnung an Rettig (2017, S. 26)

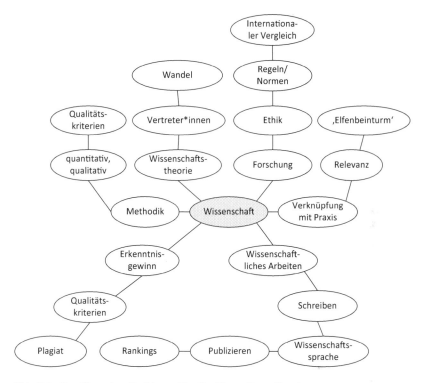

Abb. 2.1 Das Clustering-Verfahren. (Quelle: Eigene Darstellung)

Das Clustering funktioniert wie folgt: Zuerst wird zentral auf ein leeres Blatt ein übergeordneter Begriff oder gleich das eigene Forschungsthema notiert, anschließend wird ausgehend vom Zentrum eine „Ideenkette" (Rettig 2017, S. 29) nach der anderen aufgeschrieben (siehe dazu Abb. 2.1). Hier gilt es unbedingt zu beachten, dass jegliche Assoziation in unzensierter Form erscheint, da nur so ein ungehinderter Ideenfluss gewährleistet wird. Nun können besonders interessant oder relevant erscheinende Aspekte isoliert werden und gegebenenfalls als Grundlage eines vertiefenden Clusterings dienen, um das Forschungsthema weiter zu konkretisieren (Esselborn-Krumbiegel 2017b, S. 38, 40–41).

Abschließend wird Ihnen das *Mindmapping* als dritte und letzte Methode der Themenfindung vorgestellt. Ähnlich zu einer Clusterung wird auch hier auf einem leeren Blatt der zentrale Begriff mittig platziert (beispielhaft Abb. 2.2). Im Anschluss daran werden Assoziationen an Zweigen notiert, die von dem zentralen

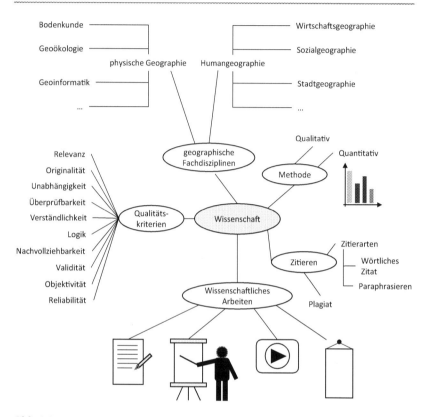

Abb. 2.2 Das Mindmapping-Verfahren. (Quelle: Eigene Darstellung)

Begriff ausgehen. Im Gegensatz zum Clustering müssen Gedankengänge nicht linear dargestellt werden, sondern können durch beliebig viele Verästelungen, die von einem Hauptzweig ausgehen können, zugeordnet werden. Durch Verbindungslinien zwischen den einzelnen Ästen können in einem nächsten Schritt Beziehungen dargestellt werden. Darüber hinaus bietet eine Mindmap die Möglichkeit, graphische Darstellungen als Ergänzung oder Ersatz von Schlagwörtern zu nutzen. Zur Anfertigung einer Mindmap können Sie zwischen einer händischen Vorgehensweise und der Nutzung online verfügbarer Software wie FreeMind oder MindMeister wählen (Rettig 2017, S. 27–28). Im Gegensatz zum Cluster können Sie mithilfe der Mindmap Aspekte eines Forschungsthemas ordnen, hierarchisieren oder in Verbindung zueinander setzen.

Methodischer Anspruch: Quellengattungen unterscheiden, Fachliteratur erkennen und erfolgreich recherchieren

Nach einem Einblick in die thematischen Ansprüche wird Ihnen in diesem Kapitel methodisches Werkzeug zur Beschaffung relevanter Informationen und zur Beurteilung gefundener Quellen auf ihre wissenschaftliche Relevanz bzw. Eignung an die Hand gegeben. Einführend stehen ein Überblick über unterschiedliche Quellengattungen (Abschn. 3.1) und die Präsentation entsprechender Kriterien, wie Sie wissenschaftliche von nicht wissenschaftlichen Quellen unterscheiden können (Abschn. 3.2). Da sich der Recherchevorgang grundlegend von dem alltäglichen ‚Googeln' unterscheidet, erfahren Sie, welche Hürden bei der Onlinerecherche genommen werden müssen, um zielführende Ergebnisse zu erhalten (Abshcn. 3.3).

3.1 Wissenschaftlich relevante Quellengattungen

Wie auch in anderen Wissenschaftsdisziplinen setzt sich geographische bzw. raumwissenschaftliche Fachliteratur aus Monographien, Sammelbänden – respektive einzelnen Beiträgen in Sammelbänden –, Artikeln in Fachzeitschriften und Internetdokumenten zusammen. Hinzu kommen fachspezifische sonstige Dokumente, wie Karten, Pläne, Gesetzestexte, Satzungen und Verordnungen.

Monographien sind Werke, in der Regel in Buchform, die von einer/m oder mehreren Verfasser*innen stammen und sich mit einem einzelnen Gegenstand befassen (zur Angabe in einem Literaturverzeichnis siehe Kasten 6.1). Im Gegensatz dazu besitzt ein *Sammelband* ein bis mehrere Herausgeber*innen, die konzeptionell für die Publikation verantwortlich sind und in der Regel zumindest die Einführung verfassen, die den inhaltlichen roten Faden zwischen den Artikeln unterschiedlicher Autor*innen herstellt. Üblicherweise erkennen Sie einen

H. Kindler et al., *Wissenschaftlich Arbeiten in Geographie und Raumwissenschaften,* essentials, https://doi.org/10.1007/978-3-658-25631-9_3

Sammelband durch die Angabe von (Hrsg.) oder (Hg.) bzw. (ed., eds.) direkt auf
dem Cover oder im Einband. Daneben sind Artikel in *Fachzeitschriften* geeignet,
um sich zu Forschungsthemen mit besonderer Fokussierung zu informieren (für
einen Überblick über zentrale geographische Fachzeitschriften siehe Kasten 3.1).
Dies gilt vor allem für naturwissenschaftliche Forschungsarbeiten, da ein Großteil der aktuellen Forschungsdebatte in Journals ausgetragen wird. Doch auch
für humangeographische Forschungsthemen bieten Fachzeitschriften eine sehr
nützliche Grundlage zur Beschaffung weiterführender Quellen. Neben der spezifischen Forschungsfokussierung stellt das sogenannte ‚*peer review*'-Verfahren
ein weiteres wichtiges Qualitätsmerkmal dar. Dies beschreibt die Prüfung jedes
Artikels durch externe Fachgutachter*innen, um wissenschaftliche Qualität
sicherzustellen. Darüber hinaus wird mit Hilfe des ‚*impact factor*' versucht, auf
Grundlage der Zitationshäufigkeit von Artikeln eine Aussage über die Bedeutung
der entsprechenden Fachzeitschrift zu treffen (Niedermair 2010, S. 39–41).

➤➤ **Kasten 3.1: Zentrale geographische und raumwissenschaftliche Fachzeitschriften**

Deutschsprachiger Raum	Englischsprachiger Raum
• Berichte. Geographie und Landeskunde • Cartographica Helvetica • disP • DIE ERDE • Erdkunde • Europa Regional • GEO-ÖKO • Geographica Helvetiva • Geographische Rundschau • Geographische Zeitschrift • Kartographische Nachrichten • Naturschutz und Landschafts-planung • Raumforschung und Raumordnung | Spatial Research and Planning • Zeitschrift für Geomorphologie • Zeitschrift für Wirtschaftsgeo-graphie	• Applied Geography • Economic Geography • Environment and Planning • Geographical Journal • Geophysical Research Letters • Global Environmental Change (Human and Policy Dimensions) • Journal of Climate • Journal of Geographical Science • Landscape Research • Landscape and Urban Planning • Progress in Human Geography • Progress in Surface Science

Aufgrund einer weiter zunehmenden Spezialisierung und der Vielfalt an Themenfeldern mit Raumbezug wird heute in einer Vielzahl

weiterer Fachzeitschriften mit Review-Verfahren publiziert, im Energiewende-Kontext bspw. in Energy Policy sowie Energy Research and Social Science, im Grenzraumforschungskontext u. a. im Journal for Borderlands Studies

Quelle: Eigene Darstellung, ergänzt durch VGDH (2014)

Fachliche Lexika und Wörterbücher stellen üblicherweise keine wissenschaftliche Quelle dar, die Sie als Beleg für Ihre Arbeit in Betracht ziehen sollten. Jedoch können diese gerade zu Anfang der Recherchearbeit geeignet sein, um einen ersten inhaltlichen Überblick über das eigene Thema und damit zusammenhängende relevante Aspekte zu erlangen, um darauf aufbauend mit der wissenschaftlichen Quellenrecherche zu beginnen. All jene Quellen, die weder als Printmedium noch durch einen Verlag oder in einer Fachzeitschrift veröffentlicht wurden, aber im Internet zur Verfügung stehen, sind als ‚Internetdokumente' zu begreifen. Bei der Verwendung solcher Dokumente ist besonders auf bestimmte Qualitätskriterien zu achten (siehe dazu Abschn. 3.2).

Eine weitere Literaturgattung ist die sogenannte graue Literatur. Hierunter werden alle Quellen zusammengefasst, die nicht bzw. noch nicht veröffentlicht wurden und dementsprechend weder online noch im Buchhandel zu beziehen sind. Im Falle einer ausstehenden Veröffentlichung ist mit einer entsprechenden Kennzeichnung im Literaturverzeichnis (z. B. ‚im Druck' oder ‚noch nicht veröffentlicht') darauf hinzuweisen (Balzert et al. 2010, S. 137–138). Zur grauen Literatur zählen bspw. Masterarbeiten, aber auch unveröffentlichte Dokumente von Universitäten, Parteien, Vereinen etc. (Niedermair 2010, S. 195).

Die vorgestellten Gattungen können darüber hinaus in Primär- und Sekundärquellen unterschieden werden. Primärquellen sind alle jene Quellen, die sich aus eigenen Forschungsergebnissen der jeweiligen Autor*innen zusammensetzen. Hierzu zählen eigens erhobene Daten, amtliche Statistiken oder Gesetzestexte. Ein Großteil Ihrer Recherche wird sich voraussichtlich auf Sekundärquellen stützen. Hierunter fallen all jene Quellen, die das gleiche Forschungsthema oder sogar den gleichen Forschungsgegenstand behandeln, sich allerdings nicht ausschließlich auf eigene Forschungsergebnisse beziehen. Ergänzend werden ebenfalls Werke, die einen inhaltlichen Überblick über ein spezifisches Thema oder eine Theorie geben, als Sekundärquelle bezeichnet (Niedermair 2010, S. 28–29). Es ist zu beachten, dass Primär- und Sekundärquellen nicht immer trennscharf abgegrenzt werden können, da bspw. auch die Abstraktion bereits bestehender Forschungsergebnisse als eigene Forschungsleistung gewertet werden kann.

3.2   Fachliteratur erkennen

Geeignete Fachliteratur lässt sich anhand bestimmter Merkmale identifizieren, die im Folgenden für Print- sowie Onlinemedien erläutert werden. Auf der Suche nach Printmedien für Ihre wissenschaftliche Arbeit ist zu allererst auf die Autor*innen zu achten. Wichtig ist hierbei, dass grundlegend Angaben zur Autor*innenschaft vorhanden sind. Ergänzend empfiehlt sich die Institution, für die der bzw. die Autor*in tätig ist, auf ihre Seriosität zu prüfen. Ebenso können Publikationslisten zusätzliche Auskunft über die fachliche Expertise geben. Ferner ist der eigentliche Inhalt einer Prüfung bezüglich dem Vorhandensein und der Qualität der Quellenbelege zu unterziehen, der inhaltlichen Objektivität und Genauigkeit, einer hinreichenden Erläuterung und Begründung des methodischen Vorgehens sowie der inhaltlichen Aktualität. Werden bei der Angabe von Zahlenwerten oder weiteren Informationen, die sich im Laufe der Zeit verändern können, Angaben zu deren Stand gemacht? Wurden entsprechende Informationen überarbeitet oder aktualisiert (Franke et al. 2014, S. 81–82)? Weiterführend formulierte das Bundesamt für Strahlenschutz (2014, S. 1–2) in einem Leitfaden Kriterien zur Identifikation fachlich relevanter Quellen (resümiert hierzu Kasten 3.2). Obwohl sich dieser Leitfaden vor allem auf Studienergebnisse und Berichte konzentriert, können daraus allgemein gültige Qualitätskriterien abgeleitet werden. Dazu zählen die Veröffentlichung in einem wissenschaftlichen oder fachlichen Verlag (z. B. Springer, UTB, J.B. Metzler), die Diskussion der Grenzen der inhaltlichen Verallgemeinerung, die ausführliche Erläuterung und Diskussion eigener Forschungsergebnisse und darin enthaltene Abweichungen sowie im Rahmen von Studienergebnissen die Offenlegung vorhandener Interessenskonflikte.

▶▶ **Kasten 3.2: Checkliste zur Identifikation wissenschaftlicher Quellen**

☐ Die Veröffentlichung erfolgte in einem wissenschaftlichen oder fachlichen Verlag
☐ Die Grenzen inhaltlicher Verallgemeinerung werden diskutiert
☐ Forschungsergebnisse inkl. von Erwartungen abweichende Resultate werden erläutert und diskutiert
☐ Im Falle von Studien erfolgt die Offenlegung von Interessenskonflikten

Quelle: Eigene Zusammenstellung in Anlehnung an das Bundesamt für Strahlenschutz (2014, S. 1–2)

Werden zur Literaturrecherche Internetsuchmaschinen wie *Google, Bing, Yahoo* etc. genutzt, so ist zu beachten, dass sich die wissenschaftliche Informationssuche grundlegend von dem alltäglichen *Googeln* unterscheidet. Entsprechend den im vorherigen Abschnitt genannten Kriterien ist neben der Autor*innenschaft bzw. der Institution ebenso der Inhalt auf die bereits genannten Kriterien zu überprüfen. Ergänzend ist besondere Vorsicht hinsichtlich all jener Quellen geboten, die dem ‚Web 2.0' zuzuordnen sind, da hier Nutzer*innen Inhalte nicht nur lesen, sondern auch eigenständig erstellen und ergänzen können (z. B. Wikipedia). Die Qualität entsteht hier also nicht zwangsläufig durch die Expertise des Einzelnen, sondern durch die Kontrolle anderer Nutzer*innen. Dementsprechend kann zwar auf eine große Fülle an Beiträgen zurückgegriffen werden, jedoch haben nicht alle Artikel die gleiche bzw. eine für wissenschaftliche Arbeiten ausreichende Qualität (Franke et al. 2014, S. 84). Außerdem sollten Sie sich stets darüber im Klaren sein, dass, trotz der großen Ergebnismenge, Suchmaschinen in der Anwendungspraxis inhaltlich nur an der Oberfläche kratzen können. Grund dafür ist, dass sie nur auf bestehende Links und Verweise auf Websites zurückgreifen können, weshalb bspw. Einträge wissenschaftlicher Datenbanken stets unberücksichtigt bleiben werden, da diese weder über das eine noch das andere verfügen. Ein weiterer Nachteil besteht in der für den Suchenden nicht nachvollziehbaren Sortierung der Suchergebnisse nach ihrer Wichtigkeit. Folglich lässt sich nicht ausschließen, dass durch die in der Regel großen Trefferlisten relevante Literatur übersehen wird (Franke et al. 2014, S. 22–23). Dennoch sollte eine Internetrecherche nicht kategorisch ausgeschlossen werden. So kann sie z. B. für einen ersten thematischen Überblick, aber auch in der weiteren Literaturrecherche nützliche Anhaltspunkte bieten (siehe auch Abschn. 3.3).

3.3 Die erfolgreiche Quellenrecherche

Da eine willkürliche Recherche nur mit einer gehörigen ‚Portion Glück' zu genau jenen Quellen führt, die für die eigene Arbeit nützlich sind, soll Ihnen im Folgenden ein kurzer Überblick über verschiedene Recherchemethoden und geeignete ‚Werkzeuge' gegeben werden. Denn die Suche nach einer Antwort auf ein Alltagsproblem kann sich grundlegend von der Suche für eine wissenschaftliche Arbeit unterscheiden (siehe auch Abschn. 3.2). Niedermair (2010, S. 120–121) differenziert die Quellenrecherche in drei verschiedene Vorgehensweisen, die für eine wissenschaftliche Arbeit offenstehen: die Informationssuche aufgrund persönlicher Interessen, die formelle Recherche und das Schneeballprinzip.

Als erstes und für unsere Ausführung von geringster Bedeutung ist die *Informationssuche aufgrund persönlicher Interessen.* An zweiter Stelle steht die *formelle Recherche,* die den typischen wissenschaftlichen Rechercheprozess darstellt (Niedermair 2010, S. 121). Diese kommt vor allem zu Beginn der Arbeit zum Einsatz, wenn das eigene Forschungsthema nach und nach erschlossen und konkretisiert wird. Berninger et al. (2017, S. 51–53) schlagen für die formelle Recherche ein dreistufiges Vorgehen vor. Im ersten Schritt werden Arbeitstitel und die daraus abzuleitenden Schlüsselbegriffe notiert. Ziehen wir exemplarisch das Thema „Das Leitbild der nachhaltigen Entwicklung in Deutschland und damit einhergehende räumliche Nutzungskonflikte auf lokaler Ebene" heran. Es lassen sich nachhaltige Entwicklung, lokale Ebene und Nutzungskonflikte als übergeordnete Schlüsselbegriffe ableiten. Diese werden im zweiten Schritt durch entsprechende Synonyme, Ober- bzw. Unterbegriffe und verwandte Begriffe aufgefächert (Berninger et al. 2017, S. 52). Ergänzend zu diesen vier Kategorien erscheint auch die englische Übersetzung als ratsam, da so ein größerer Bestand erschlossen werden kann (Tab. 3.1). Im dritten Schritt erfolgt die eigentliche Recherche. Grundlage hierfür stellen die zuvor gesammelten Suchbegriffe dar. Zur Einstiegssuche können hier vor allem Tertiärquellen, also bspw. Lehrbücher oder fachspezifische Nachschlagewerke (wie etwa Handbücher) besonders geeignet sein, die jedoch nur bedingt zitierfähig sind. Hier empfiehlt sich ein Blick in das jeweilige Literaturverzeichnis des Werkes, um so thematisch passende Quellen herauszufiltern, die als Zitation genutzt werden können.

Tab. 3.1 Möglichkeiten der formellen Quellenrecherche: Die Schlagwortsuche

Schlüsselbegriffe	Nachhaltige Entwicklung	Lokale Ebene	Nutzungskonflikte
Oberbegriff	Nachhaltigkeit	Räumliche Ebene	Konflikte
Unterbegriffe	Ökonomische, ökologische, soziale Nachhaltigkeit	Stadt, Gemeinde, Quartier, Nachbarschaft, Stadtviertel	Sozialer Konflikt, politischer Konflikt, Interessenskonflikt
Synonyme	Zukunftsfähige Entwicklung, dauerhafte Entwicklung	Kommunale, örtliche Ebene	Flächenkonflikt
verwandte Begriffe	Nachhaltigkeit	Gemeinde, Kommune	Problem, Problematik, Herausforderung
englische Übersetzung	Sustainable development	Municipal level	Conflict of use/usage, use/usage conflict

Quelle: Eigene Darstellung in Anlehnung an Berninger et al. (2017, S. 52)

Eine weitere Möglichkeit für eine erfolgreiche Quellenrecherche bietet das *Schneeballprinzip*. Als Ausgangspunkt dient das Literaturverzeichnis einer thematisch relevanten wissenschaftlichen Publikation, das auf weiterführende Literatur hin durchsucht wird. So kann das eigene Literaturverzeichnis durch entsprechende Ergänzungen bspw. eine inhaltliche Vertiefung erfahren (Niedermair 2010, S. 134–136). Es ist allerdings zu beachten, dass durch ein solches Schneeballverfahren ausschließlich ältere Literatur im Vergleich zur Ausgangsquelle gefunden wird. Darüber hinaus warnt Sesink (2012, S. 56) vor der Gefahr des „Zitierzirkels", da auch in wissenschaftlichen Arbeiten immer wieder einseitig gerade jene Quellen zitiert werden, die die eigenen Ansichten teilen, dagegen konträre Positionen eher unbeachtet bleiben. Dies widerspricht den bereits besprochenen Qualitätskriterien (siehe Tab. 1.1) und belegt, dass das Bemühen um Wissenschaftlichkeit eine ständige Herausforderung im Forschungsalltag ist.

Nachdem Ihnen verschiedene Vorgehensweisen für die Recherche zur Verfügung stehen, werden im Folgenden die entsprechenden Recherchewerkzeuge kurz erläutert. Als grundlegende Anlaufstelle ist der hochschuleigene Bibliothekskatalog zu empfehlen, da Sie hier den Vorteil haben, dass die angegebenen Quellen vor Ort verfügbar sind und eine Fernleihe in der Regel nicht notwendig ist.[1] Eine ergänzende Möglichkeit bieten die Kataloge von Bibliotheksverbünden. Hierzu zählen:

- der Bibliotheksverbund Bayern
- das Hochschulbibliothekszentrum des Landes Nordrhein-Westfalen
- das Hessische Bibliotheksinformationssystem
- der Gemeinsame Bibliotheksverbund
- der Südwestdeutsche Bibliotheksverbund
- der Kooperative Bibliotheksverbund Berlin-Brandenburg
- der Karlsruher Virtuelle Katalog.

Auch eine onlinebasierte Literaturrecherche kann zur Ergänzung der eigenen Literatursammlung dienen. Hilfreiche Anlaufstellen sind verfügbare Archive entsprechender Fachzeitschriften sowie fachbezogene Rechercheplattformen, wie GEODOK, GEO-LEO, Web of Knowledge oder Scopus. Je nach Thema bietet sich ebenfalls die Suche in verwandten Disziplinen an. Bei den angeführten

---

[1]Für eine zielführende Quellenrecherche empfiehlt sich die Teilnahme an einer der Führungen, die in der Regel in den Universitäts- und Institutsbibliotheken angeboten werden.

Plattformen ist zu beachten, dass sie nur eine Literaturliste bieten. Die jeweilige Quelle muss dann in den eigenen Bibliotheken vor Ort recherchiert und gegebenenfalls per Fernleihe bestellt oder gar käuflich erworben werden. Die Literatursammlung kann zudem mit Hilfe von *Google Scholar* eine Erweiterung erfahren, wobei auch hier wieder genau auf die Qualität der Literaturangaben bzw. die Art der Literatur zu achten ist. Sofern Inhalte nicht online abrufbar sind, ist eine Beschaffung über die Bibliothek etc. unerlässlich. Abschließend bietet *Google Books* eine erste Anlaufstelle, um eine eventuelle Fernleihe und den damit verbundenen Kosten- und Zeitaufwand zu umgehen, da hier eine Vielzahl an Werken zumindest in Teilen einsehbar ist. Gleichzeitig sei darauf hingewiesen, dass trotz einer wachsenden Online-Verfügbarkeit von Literatur das Aufsuchen von Bibliotheken und einer Recherche ,vor Ort' nicht zu umgehen ist.

Häufig kristallisiert sich ein gewisser Ablaufplan heraus, der sich für eine effektive Literaturrecherche empfiehlt (siehe Kasten 3.3). Dabei besteht der erste Schritt in der Sichtung der Lehrbücher bzw. der im Seminar angegebenen Grundlagenwerke, um sich einen thematischen Überblick zu verschaffen. Im zweiten Schritt werden in einer vertiefenden Recherche die hochschulinternen und -externen Bibliothekskataloge zur Suche thematisch relevanter Literatur genutzt. Daran anschließend bietet eine online basierte Recherche die Möglichkeit, die bereits vorhandene Literatursammlung durch gewinnbringende Ergänzungen inhaltlich zu schärfen. Im vierten Schritt können mithilfe des Schneeballprinzips von der beschafften Literatur ausgehend eventuelle Lücken durch zusätzliche Literatur geschlossen werden. Die einzelnen Schritte können dabei beliebig oft (bspw. pro Kapitel) wiederholt werden, bis für den jeweiligen Inhaltsbaustein eine zufriedenstellende Literaturliste entstanden ist.

▷ **Kasten 3.3: Ablaufplan der Quellenrecherche**

1. Erste Orientierung durch die Sichtung von Lehrbüchern bzw. in Lehrveranstaltungen angegebener Grundlagenliteratur
2. Vertiefende Recherche in hochschulinternen und externen Bibliothekskatalogen
3. Ergänzung der Literaturliste durch online basierte Recherche
4. Schneeballprinzip

Quelle: Eigene Zusammenstellung

Struktureller Anspruch: Die Generierung eines roten Fadens und der Aufbau wissenschaftlicher Arbeiten

4

Die bisherigen Ausführungen zum thematischen und methodischen Anspruch ermöglichen ein Verständnis, wie Sie sich einer wissenschaftlichen Themenfindung sowie Entwicklung einer Fragestellung annähern und wie Sie Grundlagen passender Fachquellen in Recherche und Beschaffung legen. Nachfolgend gehen wir darauf ein, wie Sie über Thema und Fragestellung einen ‚roten Faden' für die gesamte Arbeit generieren (Abschn. 4.1) und welche zentralen Elemente in Bezug auf die Strukturierung in Verbindung mit der Nutzung gesammelter Literatur zu unterscheiden sind (Abschn. 4.2).

4.1   Der ‚rote Faden'

Um sich die Notwendigkeit eines ‚roten Fadens' für Ihre Arbeit zu vergegenwärtigen, nutzen Sie den Vergleich von Oertner et al. (2014, S. 117) eines Fadens, der durch ein Labyrinth führt. Dementsprechend nehmen Sie mit einem logisch ausgearbeiteten und stringent verfolgten roten Faden Ihre Leser*innen ‚an die Hand', um sie durch Ihr eigenes gedankliches Labyrinth zu führen. In den folgenden Ausführungen werden Ihnen einige Methoden gezeigt, die Sie bei der Entwicklung Ihres roten Fadens unterstützen sollen.

Einer der Grundbausteine jeder wissenschaftlichen Arbeit stellt eine nachvollziehbare argumentative Logik dar, die als wesentliches Strukturelement während des Schreibprozesses dient (Esselborn-Krumbiegel 2017a, S. 23). Dabei ist es nicht nur wichtig, dass innerhalb eines Kapitels eine gewisse Logik als roter Faden dient, sondern auch kapitelübergreifend sollte diese – ausgehend von der entwickelten Fragestellung – deutlich werden. Dabei empfiehlt es sich vom ‚Großen' ins ‚Kleine' überzugehen, was für Ihre Arbeit bedeutet, dass Sie üblicherweise

© Springer Fachmedien Wiesbaden GmbH, ein Teil von Springer Nature 2019
H. Kindler et al., *Wissenschaftlich Arbeiten in Geographie und Raumwissenschaften*, essentials, https://doi.org/10.1007/978-3-658-25631-9_4

mit der Einordnung Ihres Themas in den entsprechenden Forschungsstand sowie mit der Erläuterung der passenden theoretischen Grundlage beginnen. Erst im Anschluss daran legen Sie Ihr methodisches Vorgehen und Ihre Forschungsergebnisse dar. Ähnlich empfiehlt es sich auch innerhalb der Kapitel zu verfahren. Liefern Sie zuerst einen inhaltlichen Überblick (wie wir es z. B. zum Einstieg jedes Unterkapitels in diesem *essential* tun), bevor Sie Ihre Leser*innen nach und nach tiefer in den Inhalt führen. Aber wie können Sie diesen roten Faden finden? Auch hier gilt wieder: Nähern Sie sich vom ‚Großen' ins ‚Kleine' Ihrer eigenen Arbeit an. Als Grundlage dienen Ihr Forschungsthema und die formulierte(n) Forschungsfrage(n) (Kap. 2). Haben Sie diese formuliert, empfiehlt es sich, nicht einfach ‚drauflos' zu schreiben, vielmehr beginnen Sie nun damit, eine Gliederung für Ihre Arbeit zu entwerfen. Dabei soll diese immer darauf abzielen, am Ende in die Beantwortung der Forschungsfrage(n) zu münden. Folglich dient also die Forschungsfrage als Ausgangspunkt, anhand dessen Sie sich entlang der wichtigen Begriffe ‚hangeln' und so Ihre Arbeit aufbauen können. Während der Erstellung des ersten Gliederungsentwurfs ist es außerdem hilfreich, zentrale Bestandteile des jeweiligen Kapitels festzuhalten, um einen Orientierungspunkt für die inhaltliche Struktur zu erlangen. Sie entwerfen also eine Art „Fahrplan", wie es Esselborn-Krumbiegel (2017a, S. 24) nennen. So können Sie auch später noch überprüfen, worauf ein Kapitel hinleiten soll. Wichtig bei der Definition der einzelnen Kapitel ist, dass Sie sich stets im Klaren darüber sind, was jeweils die zentrale Botschaft für die Beantwortung Ihrer Forschungsfrage(n) ist. Geraten Sie während der Erstellung der Gliederung ins Stocken, da sich die Kapitelaufteilung nicht eindeutig festlegen lässt, ist dies häufig ein Indiz dafür, dass eine weitere Präzisierung der Forschungsfrage(n) notwendig ist. Während des Schreibprozesses wird Ihre anfangs erarbeitete Gliederung an der einen oder anderen Stelle einem Überarbeitungsbedarf unterzogen. Dies zeugt nicht automatisch von einer mangelhaften Arbeit, sondern kann dem Umstand Rechnung tragen, dass Sie sich durch Ihre eigene schriftliche Ausarbeitung noch intensiver inhaltlich mit Ihrem Thema auseinandergesetzt haben und sich der Reflexionsprozess des angeeigneten Wissens widerspiegelt (für eine beispielhafte Gliederung siehe Abb. 4.1).

In Ergänzung zur Struktur Ihrer Arbeit muss der rote Faden auch sprachlich deutlich herausgearbeitet werden. Sie sollten sich deshalb während des gesamten Schreibprozesses vergegenwärtigen, dass Ihre Leser*innen Ihre Logik nicht kennen, weshalb diese sprachlich klar zu formulieren ist. Dazu gehört, dass sie entweder am Kapitelende zum folgenden Kapitel überleiten oder am Kapitelanfang einen Bezug zum vorherigen Kapitel herstellen. Es gibt einige Formulierungshilfen, die eine nachvollziehbare sprachliche Logik gewährleisten (dazu Tab. 4.1). Nutzen Sie diese Vokabeln, um jeglichen Gedankengang schriftlich festzuhalten.

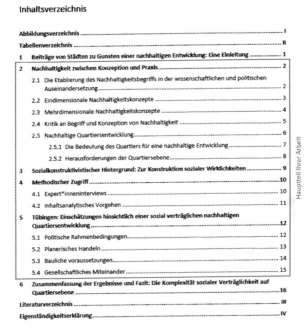

Hauptteil Ihrer Arbeit

Abb. 4.1   Beispielhaftes Inhaltsverzeichnis. (Quelle: Eigene Darstellung)

Tab. 4.1   Formulierungshilfen zur Benennung der Satzlogik

Ähnlichkeiten und Parallelen	Einschränkungen und Gegensätze	Schluss-folgerung	Begründung und Bedingung	Zweck
ähnlich	allerdings	dement-sprechend	aufgrund der Tat-sache, dass	dafür
ebenfalls	andererseits	demgemäß	aufgrund dessen	damit
ebenso	dennoch	demnach	aus diesem Grund	hierfür
gleichermaßen	dahingegen	demzufolge	begründet durch	mit dem Ziel,
gleichfalls	entgegen	folglich	da	dass
genauso	im Kontrast dazu	in der Konse-quenz	daher	um (zu)
sowie	jedoch	infolgedessen	weil	zu diesem
sowohl … als auch …	konträr dazu	resultierend		Zweck
vergleichbar	ungeachtet dessen während(dessen) (wo)hingegen	somit		

Quelle: Eigene Darstellung nach Esselborn-Krumbiegel (2017a, S. 36)

In Teilen mag es Ihnen selbst in Kenntnis Ihrer eigenen Logik banal vorkommen, aber nur so wird gewährleistet, dass die eigene Arbeit für Dritte verständlich wird. Ein weiteres wichtiges Mittel ist der Verzicht auf eine Aneinanderreihung von Hauptsätzen, da diese keinen Bezug zueinander aufbauen und folglich inhaltlich nur schwer nachvollziehbar sind. Während des anschließenden Korrekturlesens lässt sich die inhaltliche Logik überprüfen, indem pro Absatz je eine Frage formuliert wird, die in diesem beantwortet wird. So wird schnell deutlich, wenn ein Textbaustein inhaltlich nicht dem roten Faden folgt (Esselborn-Krumbiegel 2017a, S. 30–31).

4.2   Strukturierung der wissenschaftlichen Arbeit

Nachdem Sie erfahren haben, wie Sie Ihrer Arbeit einen logisch nachvollziehbaren roten Faden verleihen können (Abschn. 4.1), werden in diesem Teilkapitel die unterschiedlichen Bestandteile einer wissenschaftlichen Arbeit erläutert. Dazu gehören das Deckblatt, unterschiedliche Verzeichnisse, die Ihre Arbeit in Ergänzung zu dem Literaturverzeichnis besitzen kann, die Einführung, der Hauptteil, das Fazit, das Literaturverzeichnis, der Anhang sowie für Haus- und Abschlussarbeiten die Eigenständigkeitserklärung. Unser Fokus liegt auf umfangreicheren studentischen Arbeiten, wie Haus- oder Seminararbeiten und Abschlussarbeiten. Darüber hinaus gibt es weitere Formen einer wissenschaftlichen schriftlichen Arbeit, die in ihrem Aufbau von den hier genannten Bestandteilen abweichen können (siehe dazu Kasten 4.1).

> **Kasten 4.1: Weitere Formen wissenschaftlicher schriftlicher Arbeiten**
>
> Das *Exposé* stellt eine schriftliche Darstellung des angestrebten Forschungsvorhabens dar. Es ist also der Erarbeitung der endgültigen schriftlichen Arbeit vorgelagert (Baade et al. 2014, S. 102) und wird häufig zur Konzipierung von Abschlussarbeiten genutzt. Im Vergleich zu Seminar- und Abschlussarbeiten ist eine deutliche Abweichung bezüglich der zentralen Bestandteile zu erkennen, da das Exposé weniger die inhaltliche Bearbeitung der Forschungsfrage(n) fokussiert, als vielmehr das geplante Vorgehen, um die Forschungsfrage(n) zu beantworten. Dementsprechend setzen sich die zentralen Bestandteile des Exposés folgendermaßen zusammen:

1. Erläuterung des übergeordneten Forschungsgegenstandes (Welche Aspekte werden behandelt? Wo wird die inhaltliche Grenze gezogen?)

2. Definition zentraler Termini

3. Erläuterung von Fragestellung(en) und Forschungsziel (Wie ist die Arbeit strukturiert? Was ist das Erkenntnisziel?)

4. Nennung zentraler Thesen (Welche Annahmen sollen geprüft bzw. diskutiert werden?) (Baade et al. 2014, S. 103–107)

Ein *Abstract* schließt in der Regel direkt nach dem Titelblatt einer Arbeit an und ist somit allen weiteren Bestandteilen einer Arbeit vorgelagert, wodurch es eine Einleitung nicht ersetzt. Es kann in eine indikative (Beschreibung der Ergebnisse bleibt aus) und informative Variante unterschieden werden (Esselborn-Krumbiegel 2017a, S. 101), wobei letztere gängiger ist. Informative Abstracts geben einen komprimierten Überblick über alle relevanten Informationen der anschließenden Arbeit. Dazu zählen neben dem Forschungsgegenstand und der zentralen Forschungsfrage vor allem auch das methodische Vorgehen und die gewonnenen Forschungsergebnisse. Die beiden zuletzt genannten Bestandteile stehen dabei häufig im Fokus

Der *Essay* beschreibt eine Textgattung, die den Autor*innen große gestalterische Freiheit lässt. Im universitären Kontext jedoch haben sich Essays in Form „argumentative[r] Kurztexte" (Frank et al. 2013, S. 175) durchgesetzt. Das vorrangige Ziel – und gleichzeitig zentrale Anforderung an ein Essay – ist also, den eigenen Standpunkt zum gewählten Thema argumentativ deutlich herauszuarbeiten. Dementsprechend wird in weitaus begrenzterem Rahmen auf Literatur verwiesen, wie das sonst in Haus-/Seminar- oder Abschlussarbeiten der Fall ist, bei dem gleichzeitigen Anspruch, die eigene Perspektive dennoch plausibel zu begründen (Frank et al. 2013, S. 175–176). Idealerweise enthält der Essay eine klar formulierte These, häufig sinnvollerweise ergänzt durch eine Antithese, die argumentativ gegeneinander abgewogen werden und daraus final der eigene Standpunkt abgeleitet wird

Das *Protokoll* kann in drei Kategorien eingeteilt werden: das Verlaufsprotokoll, das thematische Protokoll und das Ergebnisprotokoll.
Entsprechend dem Namen fokussiert das *Verlaufsprotokoll* die Entwicklung bzw. den Stand einer Diskussion, eines Seminars etc. Daraus
ergibt sich auch die inhaltliche Strukturierung, die sich an der chrono-
logischen Abfolge des zu protokollierenden Gegenstandes orientiert.
Das *thematische Protokoll* empfiehlt sich bspw. zur Verschriftlichung
von Exkursionen, wenn geordnet nach Hauptthemen strukturiert wird.
In Ergänzung der Inhalte der Exkursion wird eine zusätzliche Literaturrecherche durchgeführt und Inhalte werden ggf. tiefergehender
ausgeführt. Das *Ergebnisprotokoll* empfiehlt sich vor allem bei
Besprechungen, da hier der Fokus darauf liegt, zentrale Ergebnisse festzuhalten. Dementsprechend wird der Verlauf nur dann protokolliert,
wenn er für das Ergebnis entscheidend ist. Ebenfalls findet ergänzende
Literatur ausschließlich dann Beachtung, wenn sie Teil des Ergebnisses
ist (Braun et al. 2012, S. 37–38)

Quelle: Eigene Zusammenstellung

4.2.1 Deckblatt: Angabe zentraler relevanter Informationen

Jede wissenschaftliche Arbeit beginnt mit einem Deckblatt, das gewisse unerläss-
liche Angaben enthalten muss. Dazu gehören der Titel der Arbeit und der
Untertitel, falls ein solcher vorhanden ist bzw. gewählt wurde. Haben Sie eine
übergeordnete Forschungsfrage oder Problemstellung, dann können Sie auch
diese angeben. Titel und Untertitel bzw. zentrale Forschungsfrage oder Problemstellung werden zentral positioniert, damit sie sofort ersichtlich sind. Im Kontext
studentischer Arbeiten sind darüber hinaus Angaben zum Kurs, wie Kurstitel,
Semester und Name der Dozentin/des Dozenten unerlässlich. In Ergänzung
müssen ebenso Angaben zu Ihrer eigenen Person enthalten sein. In der Regel
ist Vor- und Nachname, Matrikelnummer und E-Mail-Adresse ausreichend,
je nach Dozent*in kann jedoch auch die Postanschrift gewünscht werden. Hier
empfiehlt es sich, entsprechende Informationen auf der Lehr-/Lernplattform, der
Webseite des Instituts bzw. Lehrstuhls, den zur Verfügung gestellten Folien etc.
zu recherchieren und im Zweifel die/den Dozent*in zu kontaktieren. Darüber
hinaus können Sie die Kopfzeile nutzen, indem Sie Angaben zum Institut bzw.
Forschungsbereich sowie dem Modulnamen machen und bspw. das Thema der
Arbeit in Kurzform sowie das Semester angeben.

4.2.2 Die Verzeichnisse: Inhaltsverzeichnis sowie ergänzend Abbildungs-, Tabellen- und Abkürzungsverzeichnis

Für eine wissenschaftliche Arbeit sind einige Verzeichnisse von Bedeutung. Dazu zählen zwingend das Inhalts- sowie das Literaturverzeichnis, während andere fakultativ sind. Optionale Verzeichnisse sind das Abbildungs-, Tabellen- und Abkürzungsverzeichnis, da sie nur aufgeführt werden, wenn Abbildungen, Tabellen oder Abkürzungen in der Arbeit genutzt werden. Verpflichtende sowie optionale Verzeichnisse sind der Einleitung vorgelagert. Lediglich das Literaturverzeichnis stellt eine Ausnahme dar und schließt an das Fazit Ihrer Arbeit an. Im Folgenden werden alle Verzeichnisse gemäß ihrer Reihenfolge in der Arbeit überblicksartig erläutert.

Das Inhaltsverzeichnis (siehe Abb. 4.1) stellt nach dem Titelblatt (und dem Abstract, wenn vorhanden) den Beginn einer wissenschaftlichen Arbeit dar. Hier werden alle folgenden Verzeichnisse, Kapitel, gegebenenfalls Anhänge und die Eigenständigkeitserklärung aufgeführt. Alle Bestandteile, die nicht zu dem inhaltlichen Hauptteil der Arbeit gehören, also alle Verzeichnisse, Anhänge und die Eigenständigkeitserklärung, besitzen vielfach römische Seitenzahlen, während alle inhaltlichen Kapitel durch arabische Seitenzahlen gekennzeichnet sind. Der Hauptteil, also Einleitung bis Fazit, ist darüber hinaus durch eine fortlaufende Kapitelnummerierung zu kennzeichnen. Die weiteren Bestandteile, also Literaturverzeichnis, ggf. vorhandener Anhang sowie die Eigenständigkeitserklärung, werden üblicherweise ohne eine solche Nummerierung aufgeführt. Achten Sie bei der Nummerierung Ihrer Kapitel außerdem auf eine sinnvolle Hierarchisierung. Sollten Sie in eine zweite oder (außer für Abschlussarbeiten in der Regel nicht notwendige) dritte Hierarchie gehen, muss zwingend darauf geachtet werden, dass diese auch sinnvoll ist. Entscheiden Sie sich z. B. für ein Abschn. 2.1 oder 2.1.1, muss zwingend mindestens auch ein Abschn. 2.2 oder 2.1.2 vorhanden sein. Ist dies nicht der Fall, müssten Sie auf entsprechende Unterkapitel verzichten. Die für das Unterkapitel vorgesehenen Inhalte werden dann in die obere Gliederungsebene integriert. Ein Abschn. 2.1 ohne ein Abschn. 2.2 ist ein Formfehler.

Die Formulierung der Überschriften für die einzelnen Kapitel verlangt sprachliches Geschick. Denn aus den Überschriften sollten die Leser*innen bereits die Inhalte entnehmen können. Deshalb sind auch Überschriften ungeeignet, die lediglich auf die Funktion der Kapitel verweisen (z. B. Einleitung, Theorie, Methodik, Empirie, Zusammenfassung, Fazit; vgl. die nachstehenden Kapitelformulierungen in Abb. 4.1). Im Zusammenwirken sollen die einzelnen Kapitelüberschriften bereits den ‚roten Faden‘ der Arbeit aufzeigen und als Gliederung die Leser*innen, aber auch die Autor*innen durch den Text führen. Denn aus der Gliederung ist meist ersichtlich, ob der Aufbau eines Textes überzeugt – und umgekehrt, welche Inhalte an welchen Stellen fehlen. Anfänger*innen im wissenschaftlichen Schreiben ist deshalb zu raten, Zeit und Sorgfalt für die Gliederung aufzuwenden und im Falle von Schreibblockaden oder auch nur einem ‚Unbehagen' beim Schreiben, die Gliederung auf Stringenz zu prüfen. Häufig lassen sich diese Probleme durch eine Umstrukturierung der Gliederung lösen. In diesem Zusammenhang ist es auch hilfreich, dritte Personen einzubeziehen. Denn diese können ggf. helfen, ‚verrannte' eigene Gedanken zu ordnen, was die Autoren*innen vielfach durch kognitive Blockaden selbst nicht können. Sprichwörtlich ist dann vor lauter Bäumen der Wald nicht zu sehen.

Gehen wir weiter chronologisch durch Ihre Arbeit, folgen als nächstes das Abbildungs-, Tabellen- und Abkürzungsverzeichnis, die jeweils als eigenständige Verzeichnisse angefertigt werden. Wie bereits erwähnt, sind diese nur notwendig, wenn entsprechende Visualisierungen oder Abkürzungen Teil der Arbeit sind. Das Abbildungs- sowie das Tabellenverzeichnis listen die Abbildungen und Tabellen entsprechend ihrer Verwendung in Ihrem inhaltlichen Hauptteil auf. Es werden neben der Abbildungs- bzw. Tabellennummer der Titel und die Seite innerhalb der Arbeit genannt. Ein Quellennachweis ist an dieser Stelle nicht notwendig.

Benutzen Sie in Ihrer Arbeit Abkürzungen, werden diese am besten als Hilfestellung für die Leser*innen alphabetisch im Abkürzungsverzeichnis mit der entsprechenden ausführlichen Benennung aufgeführt, wobei allgemein übliche Abkürzungen, wie bzw. für ‚beziehungsweise' keiner Aufführung bedürfen. Im Text gehen Sie mit Abkürzungen folgendermaßen um: bei erstmaliger Nennung wird die dazugehörige Abkürzung in Klammern angeführt, bspw. BAMF (Bundesamt für Migration und Flüchtlinge). Im weiteren Verlauf ist es dann ausreichend, wenn Sie nur noch die Abkürzung verwenden.

4.2.3 Die Einleitung: Einführung in die Thematik, Formulierung der Fragestellung und Erläuterung des Aufbaus der Arbeit

Die Einleitung eröffnet den Hauptteil Ihrer Arbeit. Grundlegendes Ziel dieses Kapitels ist, das Interesse Ihrer Leser*innen – also in der Regel Ihrer Dozierenden, Ihrer Gutachter*innen, ggf. Ihrer Kommiliton*innen – zu wecken. Darüber hinaus besteht ein weiterer zentraler Bestandteil wissenschaftlicher Arbeiten darin, dass das bearbeitete Thema deutlich herausgearbeitet und das Vorgehen der

Arbeit erläutert wird. Kornmeier (2016, S. 106–113) formuliert unterschiedliche Bausteine für die Erstellung einer Einleitung. Dazu gehören:

- die thematische Einführung mit einem knappen Verweis auf den aktuellen Forschungsstand, aus dem sich die Relevanz ihrer Arbeit ergeben soll
- die klare Abgrenzung des Forschungsgegenstandes und der entsprechenden Fragestellung(en)/Problemstellung sowie das Ziel der Arbeit
- der Überblick über das methodische Vorgehen
- Begründung des Forschungsschwerpunktes
- inhaltlicher Aufbau der Arbeit.

Im Folgenden werden diese Bausteine kurz erläutert. Der Anfang einer Einleitung besteht in der thematischen Einführung, bei der Sie einen möglichst ‚packenden‘ Einstieg (ohne ‚reißerisch‘ zu übertreiben) wählen sollten, um das Interesse Ihrer Leser*innen zu wecken. Sie können bspw. Zitate oder Studienergebnisse herausgreifen, die an Ihr eigenes Forschungsthema anschlussfähig sind. Folglich werden in diesem Zuge das eigene Forschungsthema und die dazu gehörige(n) Forschungsfrage(n) oder Problemstellung genannt. Greifen Sie z. B. ein besonders konträres Zitat zu dem heraus, was Sie bearbeiten möchten, schaffen Sie es hier bereits, einen gewissen Spannungsbogen zu erzeugen. Die Nennung Ihres Themas geht anschließend in die konkrete Abgrenzung Ihres Forschungsgegenstandes über, indem Sie diesen konturieren und die Forschungslücke offenlegen, anhand derer Sie die Wahl Ihres Forschungsgegenstandes schlüssig begründen. Darauf aufbauend benennen Sie Ihr(e) Forschungsziel(e), das/die durch die Bearbeitung Ihrer benannten Forschungsfrage(n) erreicht werden soll(en). In einem nächsten Schritt geben Sie einen kurzen Überblick über Ihr methodisches Vorgehen, indem Sie erläutern, welche Vorgehensweise(n) Sie gewählt haben (z. B. Expert*inneninterviews, Passant*innenbefragung, Kartierung). Der vierte Baustein einer gelungenen Einleitung besteht in der schlüssigen Begründung Ihres Forschungsschwerpunktes. Dabei ist im Rahmen studentischer Arbeiten zwar häufig die geringe Seitenzahl ein wichtiger Grund für die Wahl eines Schwerpunktes, allerdings soll sich diese nicht als Begründung im Text wiederfinden. Vielmehr können Sie sich bspw. auf eine besondere gesellschaftliche, ökonomische oder ökologische Relevanz beziehen oder Ihren Forschungsgegenstand so begründen, dass er aus einer anderen Perspektive beleuchtet wird, die bisher in Fachdebatten noch keine/eine geringe Beachtung fand. Abschließend erläutern Sie überblicksartig den inhaltlichen Aufbau Ihrer Arbeit. Hier kann die Logik, der Sie während der Erstellung der Gliederung gefolgt sind, argumentativ genutzt werden, um den inhaltlichen Aufbau zu erläutern (Kornmeier 2016, S. 106–110).

Im Allgemeinen gilt für die Einleitung, dass zentrale Fachbegriffe Ihres Themas kurz angerissen werden, um sie im Hauptteil tiefergehend durch Nutzung der wissenschaftlichen Fachliteratur sowie ergänzender Methoden wie Expert*inneninterviews etc. zu fassen. Grundsätzlich sind alle verwendeten Begrifflichkeiten unter Anführung von Literaturangaben zu bestimmen, damit sie nicht ‚in der Luft hängen' oder nur einem alltagsweltlichen Verständnis folgen.

4.2.4   Der Hauptteil: Ausdifferenzierung zentraler Inhalte

Der Hauptteil Ihrer Arbeit untergliedert sich üblicherweise in drei übergeordnete Teile: die Erläuterung der theoretischen bzw. konzeptionellen Grundlage(n), das methodische Vorgehen sowie die Auswertung, Interpretation und Diskussion der erhobenen Ergebnisse. Die Basis Ihres Hauptteils besteht aus einer für Ihre Forschungsfrage(n) geeigneten theoretischen bzw. konzeptionellen Grundlage, die als Referenzpunkt der gesamten Arbeit dient. Da es in der Regel unterschiedliche theoretische bzw. konzeptionelle Zugänge zu Ihrem Forschungsthema geben wird, werden Sie im Vorfeld einen geeigneten Hintergrund auswählen müssen, wobei die Wahl begründet werden muss (dazu auch Kasten 4.2). So kann bspw. eingangs die Entwicklung der verschiedenen theoretischen Zugänge in einem kurzen Abriss erläutert werden, um abschließend in der von Ihnen gewählten Theorie zu enden und diese Wahl schlüssig zu begründen. Eine andere Möglichkeit besteht in der Gegenüberstellung unterschiedlicher Perspektiven, um schließlich argumentativ zu belegen, warum die gewählte für Ihr Forschungsthema die geeignete ist. Die Wahl der theoretischen bzw. konzeptionellen Grundlage legt gleichzeitig die Basis, auf der alle weiteren Ausführungen aufgebaut werden. Beispielhaft handelt es sich hierbei theorieorientiert um einen Zugang über sozialkonstruktivistische Landschaftstheorie oder Diskurstheorie bzw. konzeptionell über Ansätze rund um kreative Städte oder *Governance*.

▶   **Kasten 4.2: Theorie, Modell und konzeptionelles Arbeiten**

Der nachstehende Abschnitt soll helfen, das Verständnis für den Begriff ‚Theorie' und Begriffe mit ähnlicher Funktion zu präzisieren und zu vertiefen. In der Einleitung zu diesem *essential* wurde ‚Theorie' als etwas vorgestellt, das Wissen systematisiert. Denn die Wissenschaft soll nicht nur Einzelphänomene beschreiben, sondern diese auch einordnen (Systematisierung, Kontexte) und letztlich die Phänomene erklären. Ein wichtiges Instrument (also ein Werkzeug), um Einzelphänomene einzuordnen und zu erklären, ist der Vergleich mit anderen, ähnlichen Phänomenen, die bereits bekannt sind. Deshalb werden Befunde aus der empirischen Forschung systematisiert, generalisiert, abstrahiert, um vom Einzelphänomenen auf Verallgemeinerungen schließen zu können. Diese Abstraktion aus der sozialen Wirklichkeit heraus in die Sphäre der Gedanken und Konzeption ist bereits ein Prozess der Theoriebildung. In diesem Prozess lassen sich unterschiedliche Grade an Komplexität unterscheiden. So finden sich einfache Typisierungen (z. B. Lebensstilgruppen in der Sozialgeographie), einfache oder komplexe Modelle (z. B. zur Stadtstruktur, der Produktlebenszyklus in der Wirtschaftsgeographie), einfachere Theorien, die Teilaspekte erklären (z. B. die Rank-size-rule der Stadtforschung) bis hin zu komplexen Theorien mit großer Reichweite, die viele Dimensionen der menschlichen Lebens- und Wirtschaftsweise integrieren (z. B. die Systemtheorie oder die Regulationstheorie). Eine zunehmende Komplexität resultiert auch aus einem zunehmenden Erklärungsgehalt, wenn Verbindungen zwischen Teilphänomenen und anderen, übergreifenden Elementen gesucht werden

Im Verlauf Ihres Studiums werden Sie diese Typen, Modelle und Theorien sicherlich kennenlernen. Für die eigene Arbeit ist es entscheidend, sie nicht einfach wiederzugeben, sondern *anzuwenden* – auf die gewählte Fragestellung. Eine nicht angemessene oder nicht erfolgte Anwendung von Theorie ist ein häufiger Fehler in studentischen Arbeiten. Eine Theorie anzuwenden, bedeutet zu fragen, inwieweit sie hilfreich ist, die Fragestellung (oder Teilaspekte davon) zu beantworten. Gleichzeitig ist es möglich, dass keine einzelne Theorie (oder Modell, Typen) mit Ihrer gewählten Fragestellung korrespondiert, also erklärende Aussagen zur Fragestellung anbietet. In diesem Fall können Sie auch mehrere (Partial-)Theorien nutzen, je nachdem, welchen Beitrag diese für Ihre Fragestellung leisten können bzw. was sie erklären können (und wo ihre Grenzen liegen). Es ist aber unter Umständen auch möglich, dass für ein neues Forschungsfeld oder eine besonders angewandte Fragestellung kein angemessenes Theorieangebot vorliegt. In diesem Fall ist es möglich, aus bekannten Fallstudien zu systematisieren, d. h. die Theoriebildung selbst voranzutreiben. Vor kurzer Zeit gab es bspw. eine Tendenz in großen Städten, die in früheren Phasen verbauten, verdolten oder anderweitig beschränkten Zugänge zu Gewässern wieder zu erschließen. Dies wurde als *,waterfront development'* bekannt. Anfänglich lagen nur wenige Fallstudien vor. Eine anwendungsorientierte Arbeit hätte nun versuchen können, die bekannten Beispiele zu systematisieren, in Kontexte der Stadtentwicklung zu stellen und auf eine weitere Stadt als Fallbeispiel anzuwenden (z. B. mit den Fragen, welche Erfolgsfaktoren sich herausarbeiten lassen, welche Probleme auftreten, usw.)

Die genutzten Theorien bzw. Konzepte werden im Verlauf und am Ende der Arbeit immer wieder benötigt. Denn es genügt in einer wissenschaftlichen Arbeit nicht, z. B. Befunde eines Fallbeispiels als Ergebnis darzustellen. Vielmehr sind diese Befunde in den Kontext der verwendeten Theorie bzw. des konzeptionellen Hintergrundes zu stellen. Die Theorie/Der konzeptionelle Zugang hat hier die Funktion eines Maßstabs zur Bewertung neuer Forschungsergebnisse. Nur auf diese Weise können sie über die Beschreibung des Einzelfalls hinausgehen. Sie bestätigen dann entweder die Forschungsergebnisse bzw. die Theorie oder modifizieren sie

Quelle: Eigene Zusammenstellung

Im Anschluss an die theoretischen/konzeptionellen Ausführungen folgen die methodischen Erläuterungen. Dieser Part ist ein zwingender Bestandteil jeder wissenschaftlichen Arbeit, sobald eigene Erhebungen durchgeführt werden. Ziel ist es, Ihren Leser*innen verständlich darzulegen, wie Sie methodisch vorgegangen sind, um Ihre Forschungsfrage(n) zu beantworten. Die Beschreibung der Vorgehensweise enthält auch eine angemessene Verankerung in der wissenschaftlichen Methodenliteratur – sowohl für die Erhebung als auch für die Auswertung. Oberste Prämisse dieses Teils ist die Nachvollziehbarkeit für Außenstehende. Entsprechende Leitfragen für ein solches Methodenkapitel können sein:

- Welche Methode wurde gewählt (qualitativ/quantitativ, genaue Benennung)?
- Warum wurde genau diese Methode gewählt und keine andere?
- Was sind elementare Charakteristika der Methode? Orientierung an einem bestimmten Ansatz? Gegebenenfalls: In welchem Zusammenhang steht die gewählte Methode zum theoretischen Rahmen?
- Welche methodischen Vorteile eröffnen sich im Zusammenhang mit dem gewählten Forschungsgegenstand?
- Wurde eine Anpassung des methodischen Vorgehens vorgenommen? Welche? Warum?
- Welche Nachteile bringt das gewählte methodische Vorgehen mit sich (Methodenkritik)?

Die Methodenkritik stellt einen unerlässlichen Teil Ihrer Arbeit dar. Denn teilweise erfordern es die Fragestellung oder die Umstände, beim Einsatz der Methoden etwas von den Empfehlungen der Lehrbücher abzuweichen. Diese Methodenlehrbücher lassen sich – bildhaft ausgedrückt – als ‚Kochbücher für die Wissenschaft‘ verstehen. Hier wie dort kann von den Empfehlungen aber mit guten Gründen abgewichen werden. Durch die kritische Reflexion Ihres gewählten methodischen Ansatzes zeigen Sie nicht nur, dass Sie sich tiefergehend mit der Materie auseinandergesetzt haben, sondern auch, dass Sie sich der Schwächen, die an der ein oder anderen Stelle jede Methodik mit sich bringt, bewusst sind. Dies ist eine wichtige Grundvoraussetzung, um im weiteren Verlauf die erhobenen Forschungsergebnisse entsprechend auswerten und bewerten zu können. Abschließend ist es in diesem Abschnitt Ihrer Arbeit besonders wichtig, dass jeder logische Denkschritt Ihrerseits benannt wird, um eine bestmögliche Nachvollziehbarkeit zu gewährleisten.

Im Anschluss an die methodischen Erläuterungen folgt der empirische Teil einer wissenschaftlichen Arbeit. Hier stellen Sie zuerst die erhobenen Forschungsergebnisse vor. Sowohl bei quantitativen als auch bei qualitativen Zugängen gilt der Grundsatz, dass nicht jede Einzelheit genannt werden muss, sondern vielmehr wichtige oder auffällige Ergebnisse ausgewählt und genauer im Zusammenhang beschrieben werden. Achten Sie bei diesem Teil Ihrer Arbeit unbedingt darauf, dass Sie sich von einer reinen Deskription Ihrer Ergebnisse lösen und diese auch im Hinblick auf die theoretische/konzeptionelle Grundlage und in Bezug zu Ihrer Forschungsfrage analysieren und diskutieren. Häufig ist in Haus- und Abschlussarbeiten zu beobachten, dass Theorie/konzeptioneller Zugriff und empirische Auswertung recht unverbunden nebeneinanderstehen, was es unbedingt zu vermeiden gilt. Greifen Sie die theoretisch-konzeptionellen Überlegung zur Rahmung und Einordnung der Empirie unbedingt auf. So entsteht eine ‚runde‘ und zusammenhängende Arbeit, was so auch dem ‚roten Faden‘ zugutekommt.

Einen weiteren Bestandteil des Hauptteils können Abbildungen oder Tabellen darstellen, die zur Verdeutlichung des Inhaltes dienen (z. B. eigene Erhebungen oder statistische Daten, anhand derer Sie eine von Ihnen formulierte Behauptung zusätzlich untermauern oder illustrieren können). Neben einem, zumeist in Klammern gestellten, Verweis auf die Abbildungs- oder Tabellennummer im Text (bspw. „siehe dazu Abb. xx, Tab. xx") ist die entsprechende Abbildung bzw. Tabelle zwingend auch textlich zu erläutern und die für die Arbeit wesentlichen Merkmale sind hervorzuheben.

4.2.5 Das Fazit: Zentrale Inhalte und den roten Faden aufgreifen sowie einen Ausblick wagen

Das Fazit stellt den ‚krönenden Abschluss' Ihrer Arbeit dar. Hier fassen Sie die zentralen Ergebnisse zusammen und beantworten schließlich die eingangs gestellte(n) Forschungsfrage(n). Dafür wird üblicherweise zuerst eine prägnante, aber kurze Zusammenfassung des Forschungsthemas und der entsprechenden theoretischen/konzeptionellen Grundlage und der methodischen Vorgehensweise gegeben. Anschließend fassen Sie unter Nutzung der theoretischen/konzeptionellen Terminologie die aussagekräftigsten Befunde der Forschungsergebnisse zusammen und formulieren darauf aufbauend eine abschließende Antwort auf Ihre Forschungsfrage(n). Im Anschluss daran können Sie weitere Forschungslücken benennen, die während der Bearbeitung deutlich wurden und deren Bearbeitung in einem anderen Rahmen als ratsam erscheint.

Zu guter Letzt unterziehen Sie Ihre Arbeit einer kritischen Reflexion. Hier werden Schwachstellen der eigenen Arbeit benannt, die im Laufe der Bearbeitung deutlich wurden, allerdings im Rahmen der Ausführungen nicht behoben werden konnten. Dazu können eine andere theoretische Grundlage zählen, die im Laufe der Bearbeitung als passender erschien, eine Anpassung des methodischen Vorgehens, um präzisere Forschungsergebnisse generieren zu können oder eine inhaltliche Ergänzung um einen weiteren Baustein. Diese kritische Reflexion gibt Ihnen erneut die Möglichkeit zu verdeutlichen, dass Sie sich intensiv mit Ihrer Thematik auseinandergesetzt haben. Neue inhaltliche Aspekte, die nicht bereits in den vorangegangenen Kapiteln erwähnt wurden, sollten nicht mehr Teil Ihres Fazits sein, außer es ergibt sich hierfür eine gute Begründung.

4.2.6 Das Literaturverzeichnis: Zusammenstellung der in der Arbeit genutzten Literatur

Das Literaturverzeichnis bietet eine abschließende Auflistung aller (und nur dieser) Quellen, die durch direkte oder indirekte Zitate von Ihnen in Ihrer Arbeit verwendet wurden. Hierzu zählen neben Fachliteratur u. a. auch genutzte Gesetzestexte, Verordnungen oder Karten. Von Ihnen geführte Interviews hingegen stellen keine Literatur dar, sondern sind im Methodenkapitel aufzuschlüsseln (siehe Abschn. 4.2.4). Insbesondere im Rahmen studentischer Arbeiten dient das Literaturverzeichnis ebenfalls dazu, dass sich Ihre Dozierenden einen Überblick über die Qualität der verwendeten Quellen machen können. Achten Sie hier besonders auf eine einheitliche Gestaltung und vollständige Quellenangaben. Welche formalen Ansprüche an Quellenbelege gestellt werden, erfahren Sie in Abschn. 6.2.

4.2.7 Der Anhang

Der Anhang schließt an das Literaturverzeichnis an (vgl. dazu auch Abschn. 4.2.2) und dient dazu, Materialien darzustellen, die zu umfangreich für den Hauptteil der Arbeit sind. Hierunter zählen bspw. umfangreiche und mehrseitige Tabellen, Pläne über DIN A4-Größe, ausführliche Interviewleitfäden, Interviewtranskripte (also verschriftlichte Interviews) oder Codierungsschemata. Die einzelnen Anhänge werden entsprechend Ihrer Reihenfolge in der Arbeit aufgeführt und durch Zahlen oder Buchstaben benannt (Anhang 1, Anhang 2, Anhang 3, … oder Anhang A, Anhang B, Anhang C, …). In den jeweiligen Kapiteln wird an entsprechender Stelle auf den passenden Anhang verwiesen. Die Auslagerung dieser umfangreichen Materialien an das Ende Ihrer Arbeit ermöglicht einen besseren Textfluss im Hauptteil Ihrer Arbeit.

4.2.8 Die Verfasser*innenerklärung

In der Regel schließt jede Hausarbeit, Seminararbeit bzw. Bachelor- oder Masterarbeit mit einer Verfasser*innenerklärung ab. Diese Verfasser*innen- oder auch Selbstständigkeitserklärung umfasst normalerweise nur wenige Sätze, in denen Sie versichern, dass Sie Ihre Arbeit selbstständig angefertigt haben. Dazu zählt einerseits, dass Sie keine fremde Hilfe während der Bearbeitung angenommen haben und andererseits alle verwendeten Quellen, unabhängig, ob es sich um direkte oder indirekte Zitate handelt, wahrheitsgemäß und nach bestem Wissen und Gewissen angegeben haben. Abschließend versichern Sie hier ebenfalls, dass die Arbeit weder in gleicher noch in ähnlicher Form ganz oder in Auszügen bereits zur Prüfung vorgelegt wurde. Mit Ihrer Unterschrift und Angaben zu Ort und Datum bestätigen Sie die Erklärung. Entsprechende Formulierungsvorlagen sind online in verschiedenen Ausführungen frei verfügbar bzw. werden durch Ihre Hochschule/Ihren Forschungsbereich zur Verfügung gestellt.

Sprachlicher Anspruch: Von der Kunst klaren und wissenschaftlichen Ausdrucks

5

So wie wissenschaftliche Arbeiten mit spezifischen strukturellen Vorgaben verknüpft sind, so verbinden sich mit diesen auch besondere sprachliche Ansprüche. Die wissenschaftliche Sprache unterscheidet sich in ihrer Ausdrucksweise und in ihren Vokabeln deutlich von der Umgangssprache, wie wir sie in unserem Alltag gebrauchen. Da diese Unterscheidung gerade in den ersten Semestern nicht selbstverständlich ist, werden in diesem Kapitel einige der wichtigsten Merkmale einer korrekten wissenschaftlichen Sprache überblicksartig erläutert (Abschn. 5.1) und dargestellt, wie eigene Positionen und Schlussfolgerungen sprachlich gefasst werden können (Abschn. 5.2).

5.1 Wissenschaftliche Sprache: Entwicklung einer distanzierten Fachsprache

Das oberste Gebot eines jeden wissenschaftlichen Textes ist eine prägnante Ausdrucksweise, getreu dem Motto „so viele Worte wie nötig, um verstanden zu werden, aber so wenige Worte wie möglich, um sich knapp und präzise auszudrücken" (Esselborn-Krumbiegel 2017a, S. 54). Denn eine genaue und prägnante Ausdrucksweise gewährleistet, dass Ihre Leser*innen Ihnen inhaltlich folgen können. Wichtiger Bestandteil ist ein angemessenes sprachliches Niveau. Vergegenwärtigen Sie sich also stets, für wen Sie schreiben. Im Rahmen studentischer Arbeiten, die vorwiegend von Dozierenden gelesen werden, die über Fachkenntnisse verfügen, sollten Sie ein sprachliches Niveau für Ihre Arbeit wählen, das ein Loslösen von umgangssprachlichen Ausdrucksweisen einschließt. Im

© Springer Fachmedien Wiesbaden GmbH, ein Teil von Springer Nature 2019
H. Kindler et al., *Wissenschaftlich Arbeiten in Geographie und Raumwissenschaften*, essentials, https://doi.org/10.1007/978-3-658-25631-9_5

Folgenden werden verschiedene ‚Stolperfallen‘[1] thematisiert, die es im Rahmen des wissenschaftlichen Schreibens zu vermeiden gilt.

Hierzu gehört zum einen, dass Adjektive auf ihre Notwendigkeit geprüft werden. Im alltäglichen Sprachgebrauch haben diese in der Regel eine ‚ausschmückende‘ Funktion, die im Kontext wissenschaftlicher Arbeiten mitunter unpräzise wirken können. Folglich sind Adjektive auf ihre Funktion hin zu überprüfen (Esselborn-Krumbiegel 2017a, S. 65). Lesen Sie Ihre Texte ausführlich dahin gehend Korrektur, um zu prüfen, welche Adjektive lediglich die erwähnte ‚ausschmückende‘ Funktion erfüllen und darüber hinaus das Geschriebene unpräzise wirken lassen, und welche hingegen notwendig sind, da sie zur Differenzierung der Ausführungen beitragen (dazu Kasten 5.1).

▶ **Kasten 5.1: Adjektive ohne und mit Funktion**

Beispiel 1: Adjektiv ohne Funktion	Beispiel 2: Adjektiv mit Funktion
Es werden *entsetzliche* Folgen erwartet	Es werden *sozio-ökonomische* Folgen erwartet
Die Umfrage erzielte *gute* Ergebnisse	Die Umfrage erzielte *valide* Ergebnisse
Ein *brutales* Stadtwachstum	Ein *räumlich ausferndes* Stadtwachstum
Ein kleines Stadtwachstum	Ein *räumlich komprimiertes* Stadtwachstum

Quelle: Eigene Darstellung

Balzert et al. (2010, S. 243) schlagen für einen adäquaten Umgang mit Adjektiven vor, an ihrer Stelle Nomen zu verwenden (so wird aus einem ‚planerischen Vorhaben‘ ein ‚Planungsvorhaben‘) und besonders auf Tautologien, also Bedeutungswiederholungen, zu achten, um diese zu vermeiden. Eine solche Tautologie ist bspw. der Ausdruck ‚positiver Erfolg‘. Bitte beachten Sie, dass im Deutschen Adjektive klein geschrieben werden, es sei denn, es handelt sich um einen feststehenden Begriff (etwa ‚Hermeneutischer Zirkel‘) oder Eigennamen (‚Vereinigte Staaten‘ oder ‚Deutsche Bahn‘) und nicht nur um eine Konkretisierung des Nomens

---

[1] Mit ‚Stolperfalle‘ nutzen wir aktiv eine eher bildliche Sprache. Zur Kennzeichnung dieses Umstandes nutzen wir einfache Anführungszeichen – im Gegensatz zu doppelten Anführungszeichen, die bei wörtlichen Zitaten zum Einsatz kommen.

(z. B. ‚agrarstrukturelle Entwicklung'). Bei Zweifelsfällen wie ‚N/nachhaltige Entwicklung' oder ‚D/demographischer Wandel' ist zu prüfen, ob eher eine genauere Bestimmung des Nomens gemeint ist (dann klein) oder die Bestimmung einer gemeinsamen Eigenschaft vorgenommen wird (dann groß).

Ein weiterer wichtiger Baustein einer wissenschaftlich korrekten Sprache ist der Verzicht auf Füllwörter (Kasten 5.2) bzw. ganze Füllsätze (Kasten 5.3). Füllwörter werden in wissenschaftlichen Arbeiten aufgrund ihrer relativierenden Wirkung vermieden, da sie einer präzisen Ausdrucksweise entgegenstehen. Füllsätze beschreiben alle Sätze, die selbst keine Aussage treffen, sondern lediglich zu einer Aussage im darauffolgenden Satz hinleiten (Esselborn-Krumbiegel 2017a, S. 63).

▶ **Kasten 5.2: Vermeidung von Füllwörtern**

Richtiggehend	Besonders
Geradezu	Regelrecht
Förmlich	Natürlich
Buchstäblich	Gewissermaßen
Überaus	Insgesamt
Ungemein	Eben
Wahrhaftig	Wiederum

Quelle: Eigene Darstellung

▶ **Kasten 5.3: Vermeidung von Füllsätzen**

Beispiel 1 (mit Füllsatz)
Anschließend wird beleuchtet, wie sich die Leitbilder der Stadtentwicklung im 20. Jahrhundert von der Charta von Athen über die autogerechte Stadt zur nachhaltigen Stadtentwicklung wandelte und wie sich dieser Wandel auf die Stadtgestalt auswirkte

Beispiel 2 (ohne Füllsatz)
Anschließend wird der Wandel vom Leitbild der Charta von Athen über die autogerechte Stadt zur nachhaltigen Stadtentwicklung behandelt, der zu einer zunehmenden Kompaktheit der Stadtgestalt im 20. Jahrhundert führte

Während das erste Beispiel keine inhaltliche Aussage trifft, wurde Beispiel zwei so umgestellt, dass, in Ergänzung zur Erläuterung des weiteren Vorgehens, bereits eine inhaltliche Aussage getroffen wird

Quelle: Eigene Darstellung

Ein weiteres Kriterium stellt eine neutrale Ausdrucksweise dar, sodass die/der Forschende als Subjekt in den Hintergrund rückt und von der ‚Ich-Perspektive' (außer entsprechend dem Forschungsgegenstand als notwendig oder sinnvoll erachtet) Abstand genommen wird (näheres hierzu in Abschn. 5.2). Folglich sind auch Übertreibungen zu meiden, da hier eine Wertung impliziert wird, die das Subjekt in den Vordergrund rückt und nicht nachvollziehbar begründet werden kann (Esselborn-Krumbiegel 2017a, S. 64). In Ergänzung zur Ausdrucksweise ist auch auf eine angemessene Satzstruktur zu achten. Gleichförmige Hauptsatz-konstruktionen behindern den Lesefluss und verhindern, dass Ihre Gedanken-gänge in einen sprachlichen Zusammenhang gebracht werden. Es empfiehlt sich daher, auf eine abwechslungsreiche Satzstruktur zu achten (Balzert et al. 2010, S. 241) (als Beispiel Kasten 5.4).

> **Kasten 5.4: Die Satzstruktur**

Beispiel 1: Aneinanderreihung von Hauptsätzen
Sozialräumliche Segregation in Städten lässt sich seit mehre-ren Jahrhunderten beobachten. In Deutschland gibt es auch sol-che Segregationsprozesse. In den 1970er Jahren wurde unter den Begriffen *dual cities* bzw. *two cities* der wissenschaftliche Fokus auf städtische Polarisierungsprozesse gelegt. Sie gliedern die Stadtgesell-schaft in zwei Lager. Die Basis ist eine unterschiedliche Finanzkraft

Beispiel 2: Mehr Verständlichkeit durch eine abwechslungsreiche Satzstruktur
Sozialräumliche Segregation in Städten lässt sich seit mehreren Jahr-hunderten beobachten, so auch in Deutschland. In den 1970er Jahren wurde unter den Begriffen *dual cities* bzw. *two cities* der wissenschaft-liche Fokus auf städtische Polarisierungsprozesse gelegt, die die Stadt-gesellschaft auf Basis einer unterschiedlichen Finanzkraft in zwei Lager unterschieden

Quelle: Eigene Darstellung

Voss (2017, S. 116) schlägt als Orientierungswert für eine angemessene Satzlänge 30 bis 40 Wörter vor. Solche Richtwerte können als grober Orientierungsrahmen herangezogen, sollten aber nicht als universelles Allheilmittel betrachtet werden. In erster Linie steht die Verständlichkeit Ihrer Arbeit im Vordergrund, in deren Sinne auch Abweichungen von solchen Richtwerten zulässig sein können.

Abschließend sei darauf hingewiesen, sich von all diesen Vorgaben nicht abschrecken zu lassen und so den eigenen Schreibprozess zu behindern oder gar zu blockieren. In erster Linie ist es wichtig, dass Sie erst einmal etwas zu ‚Papier bringen', unabhängig von der sprachlichen Form. Ist der erste Text geschrieben, können Sie ihn in einem weiteren Schritt einer Überarbeitung unterziehen und an wissenschaftliche Standards anpassen. Ausführliche Hinweise zu einem geeigneten sprachlichen Stil finden Sie in Esselborn-Krumbiegel (2017a) mit Beispielen und kleineren Übungen.

5.2 Das Ausdrücken der eigenen Position/ Schlussfolgerungen: Eine ‚knifflige' Frage

Insbesondere der Übergang von Schule zu Studium wird grundlegend andere sprachliche Anforderungen offenlegen. Vergegenwärtigen Sie sich, wie Sie Ihre schulischen Aufsätze im Kontrast zu einer jetzt verlangten wissenschaftlichen Arbeit verfassten, wird einer der markantesten Unterschiede in der Herausarbeitung der eigenen Position, also des ‚ichs', liegen. Im wissenschaftlichen Kontext wird oft von einem „Ich-Tabu" (Esselborn-Krumbiegel 2017a, S. 59; Moll und Thielmann 2017, S. 109) gesprochen. Der Verzicht auf die Personalisierung von Aussagen begründet sich daraus, dass wissenschaftliche Arbeiten stets danach streben, den Forschungsgegenstand (im Sinne der Objektivität) und nicht die/den Forschende*n in den Vordergrund zu stellen (Moll und Thielmann 2017, S. 110). Gleichzeitig stehen Ihnen verschiedene Möglichkeiten offen, die eigene Position auszudrücken, ohne jedoch ‚ich' zu verwenden (Kasten 5.5) (gleiches gilt für Alternativen zum ‚wir', wenn Arbeiten von mehreren Personen verfasst werden). Die wohl ‚einfachste' Methode könnte darin erscheinen, das ‚ich' durch ‚man' zu ersetzen, doch ‚man' bleibt zum einen extrem unbestimmt, zum anderen ist es im Zeitalter der Gendergleichstellung zu vermeiden (die Formulierung man/ frau hat sich in der Wissenschaft nicht durchgesetzt). ‚Man' gilt es in wissenschaftlichen Arbeiten unbedingt zu meiden. Als Möglichkeit können Sie Konjunktiv-Konstruktionen verwenden. Zuletzt stellt die Nutzung des Passivs eine geeignete Variante dar, ein explizit formuliertes ‚ich' zu umgehen (siehe Kasten 5.5). Von der Nutzung von „Die Verfasserin/Der Verfasser weist darauf hin, dass …" sollten Sie allerdings absehen, da es sich hierbei um eine veraltete Variante handelt, die in jüngeren Arbeiten kaum noch genutzt wird (Moll und Thielmann 2017, S. 131).

▶   **Kasten 5.5: Ausdrücken der eigenen Position**

Beispiel 1: Konjunktiv
„Aufgrund der Beobachtung XY sei darauf hingewiesen, dass …"

Beispiel 2: Passivform
„Aufgrund der Beobachtung XY wird darauf hingewiesen, dass …"

Quelle: Eigene Darstellung

Zuletzt soll darauf hingewiesen werden, dass es Ausnahmen gibt, die den Gebrauch von ‚ich' oder ‚wir' rechtfertigen bzw. eine Nutzung bewusst erfolgt. Ersteres kann der Fall sein, wenn dadurch eine Kommentarfunktion erfüllt wird, die bspw. einen Ablauf verdeutlichen soll („Im weiteren Verlauf verwende ich den Begriff ‚ländliche Räume' gemäß der Definition von XY.") oder wenn Sie auf etwas Bezug nehmen („Mithilfe der vorangegangenen Ausführungen möchte ich verdeutlichen, dass …"). Darüber hinaus können Sie vom ‚wir' Gebrauch machen, wenn sie entweder die Leser*innen miteinbeziehen wollen oder wenn es sich um mehrere Autor*innen handelt, auf die Bezug genommen wird (Moll und Thielmann 2017, S. 110 und 112). Arbeiten im Kontext der ‚Neuen Kulturgeographie – als Beispiel für den letzteren Fall – nutzen in Teilen dezidiert ‚ich' oder ‚wir', um zu betonen, dass gewisse eigene Bewertungen auch immer in wissenschaftliche Arbeiten einfließen.

Formaler Anspruch: Einheitlichkeit als Priorität und der Zugang zum korrekten Zitieren

6

Mit den bisherigen Ausführungen wurde bereits verdeutlicht, dass an wissenschaftliches Arbeiten spezifische Erwartungen und Verfahrensweisen gebunden sind. Werden diese beachtet, sind bereits zentrale Grundlagen für eine sehr gute Arbeit gegeben. Sie führen letztlich aber nur dann auch zu einer sehr guten Benotung, wenn ebenso der formale Anspruch im Hinblick auf Einheitlichkeit erfüllt wird. Diese Einheitlichkeit bezieht sich auf die Textgestaltung einerseits (Abschn. 6.1) sowie auf den Umgang mit Quellenbelegen andererseits (Abschn. 6.2), wie im Folgenden näher erläutert wird.

6.1 Formale Gestaltungskriterien zugunsten einer klar strukturierten Arbeit

Das erste Kriterium bezüglich der formalen Gestaltung, das an Ihre Arbeit gestellt wird, ist das der Vollständigkeit. In Anlehnung an Abschn. 4.2 zählen hierzu alle aufgeführten Bestandteile, vom Titelblatt ausgehend über Abbildungs-, Tabellen-, Abkürzungs- und Inhaltsverzeichnis, die Einleitung und der Hauptteil Ihrer Arbeit, der mit einem Fazit schließt sowie das Literaturverzeichnis und Anhänge bis hin zur Verfasser*innenerklärung. Beachten Sie vor allem auch die diesbezüglich genannten Gestaltungskriterien.

Auch bei der Textgestaltung sind unterschiedliche Kriterien zu erfüllen. Hierzu zählt ein angemessener Seitenrand. Sollte es keine spezifischen Vorgaben geben, empfiehlt sich ein Seitenrand von 2,5 cm, um Dozierenden Platz für Notizen zu lassen. Achten Sie außerdem auf eine einheitliche Formatierung der Überschriften entsprechend den verschiedenen Ebenen. Die Kapitelüberschrift der ersten Ebene (z. B. ‚1 Einleitung‘) ist in der Regel anders gestaltet, als die der

© Springer Fachmedien Wiesbaden GmbH, ein Teil von Springer Nature 2019
H. Kindler et al., *Wissenschaftlich Arbeiten in Geographie und Raumwissenschaften*, essentials, https://doi.org/10.1007/978-3-658-25631-9_6

zweiten und dritten Ebene (also bspw. 2.1 Titel XY oder 2.1.1 Titel AB). Nutzen Sie Ihre Überschriften außerdem dazu, bereits eine erste Idee des zentralen Kapitelinhalts zu vermitteln. Dies erreichen Sie, indem Sie Ihre Kapitel nicht nur mit bspw. ‚2.1 Das Nachhaltigkeitsverständnis‘, sondern ‚2.1 Das Nachhaltigkeitsverständnis im Wandel: Von einer ökologischen Perspektive hin zur Trias der Nachhaltigkeit‘ betiteln. So vermitteln Sie eine erste Idee des Inhaltes und erhöhen die Nachvollziehbarkeit Ihrer Arbeit. Innerhalb der einzelnen Kapitel sorgen Sie durch eine sinnvolle Untergliederung in einzelne Absätze dafür, dass Ihre Gedanken für Ihre Leser*innen leichter verständlich werden. Von einer sinnvollen Untergliederung kann dann gesprochen werden, wenn ein Absatz einen zusammengehörenden Gedankengang ausführt, nicht jedoch, wenn durch die Absatzsetzung lediglich einzelne Sätze ausgegliedert werden. Ein einzelner Satz kann *nie* einen unabhängigen Absatz bilden. Darüber hinaus muss Ihre Arbeit, mit Ausnahme des Titelblatts, durchgängig mit fortlaufenden Seitenzahlen versehen werden, die in den Verzeichnissen aufzuführen sind. Der Text ist in der Regel im Blocksatz geschrieben, wobei hier besonders darauf zu achten ist, die Silbentrennung zu nutzen, um zu große Lücken zwischen einzelnen Wörtern zu vermeiden. Ein weiterer wichtiger Punkt betrifft die Beschriftung von Tabellen und Abbildungen. Diese sind jeweils fortlaufend zu nummerieren (i. d. R. Tab. 1, Tab. 2, … bzw. Abb. 1, Abb. 2, …) und mit Angabe des Titels und der Quelle zu versehen, wobei die Quellenangabe normalerweise unter Tabelle oder Abbildung aufgeführt wird (wie auch im Rahmen dieses *essentials*). Achten Sie außerdem unbedingt darauf, dass Sie alle ergänzenden Graphiken durch einen Verweis (z. B.: ‚vgl. Abb. 1‘) in Ihren Text einbinden, um einen sinnvollen Bezug herzustellen. Bei der Integration von Visualisierungen ist stets auf eine komplikationsfreie Lesbarkeit zu achten. Kann diese innerhalb des Hauptteils nicht gewährleistet werden, sollte geprüft werden, ob ihr durch eine Einbindung im Anhang mehr Platz eingeräumt werden kann. Dies kann bei umfangreicheren Tabellen oder Karten, die zur Lesbarkeit größer als DIN A4 darzustellen sind, ratsam sein. Sollte eine Abbildung oder Karte aufgrund ihrer graphischen Auflösung oder ihrer Informationsdichte nicht lesbar sein, dann empfiehlt sich eine eigene Erstellung gemäß den eigenen Ansprüchen. So kann etwa eine Karte stark generalisiert werden. Nähere Erläuterungen zu den notwendigen Angaben der Quellenbelege von Abbildungen und Tabellen erfahren Sie in Abschn. 6.2.

Abschließend ist bei jedem Bestandteil Ihrer Arbeit auf die bereits angesprochene Einheitlichkeit zu achten. Diese sollte beachtet werden bei:

1. Schriftart und Schriftgröße (üblicherweise 11 pt bei Arial und 12 pt bei Times New Roman)
2. der Formatierung von Absätzen, Zeilenabstand (üblicherweise 1,5) und Blocksatz

3. Überschriften und Beschriftung von Tabellen, Abbildungen, Textboxen etc.
4. Quellenbelegen (Kurzbelege im Fließtext und Langbelege im Literaturverzeichnis) (dazu Abschn. 6.3).

6.2   Direkte gegenüber indirekten Zitaten und deren Verwendung im Text

Jede wissenschaftliche Arbeit stützt sich mindestens in den Einleitungs-, Theorie- und Methodenkapiteln auf direkte und indirekte Zitate, häufig auch im empirischen Teil bei der Nutzung von Passagen aus geführten Interviews oder Bezugnahmen auf theoretisch-konzeptionelle Grundlagen. Direkte Zitate sind jene Textsegmente, die wortwörtlich aus Werken anderer Autor*innen übernommen wurden, während indirekte Zitate lediglich den Inhalt wiedergeben, nicht aber den genauen Wortlaut. Es wird also bereits deutlich, dass es sich bei beiden Zitatarten um fremdes Gedankengut handelt (das dementsprechend unter Urheberschutz steht), das Sie zumindest inhaltlich übernehmen. Folglich sind Sie dazu verpflichtet, jedes Zitat – unabhängig davon, ob direkt oder indirekt – durch einen entsprechenden Quellenbeleg (siehe dazu Abschn. 6.3) zu kennzeichnen, um einem Plagiatsverdacht vorzubeugen. Direkte Zitate sind immer durch doppelte Anführungszeichen kenntlich zu machen und können, wenn es sich um längere Zitate handelt (häufig wird hier als Grenze drei Zeilen genannt), eingerückt werden. Der Großteil Ihrer Zitate sollte allerdings indirekt sein, da direkte Zitate nur verwendet werden, wenn die/der Urheber*in den betreffenden Sachbestand so präzise und passend formuliert hat, dass Sie diesen unbedingt in gewählten Form anführen wollen bzw. es sich um ein besonders markantes Zitat handelt. Mit Umformulierungen, also Paraphrasierungen, sollen Sie unter Beweis stellen, dass Sie Sacherhalte in eigenen Worten darstellen können, weswegen diesen besondere Beachtung zu schenken ist (siehe Kasten 6.1). Wörtliche Zitate sind dann zu wählen, wenn nicht nur das, *was* dargestellt ist, für Ihre Arbeit von Relevanz ist, sondern auch das *Wie*. Es ist darauf zu achten, dass alle Anpassungen oder Auslassungen innerhalb der wörtlichen Zitate, die von Ihnen vorgenommen wurden, durch eckige Klammern gekennzeichnet werden.

▷   **Kasten 6.1: Direkte und indirekte Zitate**

Direktes Zitat:
Demnach ist die Quartiersebene „also als Interventionsebene, mehr [...] vielleicht noch als Nukleus nachhaltiger Stadtentwicklungsprozesse [zu verstehen]" (Drilling und Schnur 2012, S. 17)

Indirektes Zitat:

Demnach stellt die Quartiersebene also nicht nur den geeigneten Maß-
stab zur Etablierung einer nachhaltigen Stadtentwicklung dar, sondern
kann darüber hinaus als eigentliches Zentrum jener Entwicklungs-
prozesse angesehen werden (Drilling und Schnur 2012, S. 17)

Quelle: Eigene Zusammenstellung

6.3   Kurz- und Langbelege: Die Zitierweise im Text und die Gestaltung von Literaturverzeichnissen

Jede wissenschaftliche Arbeit beinhaltet unterschiedliche Arten von Quellen-
belegen. Dazu zählen zum einen Kurzbelege innerhalb des Fließtextes sowie
Langbelege im Literaturverzeichnis. Nachdem das vorherige Kapitel bereits die
Unterscheidung zwischen direkten und indirekten Zitaten behandelte, wird hier
zunächst der Fokus auf verschiedene Varianten von Kurzbelegen innerhalb des
Fließtextes gelegt (Abschn. 6.3.1), bevor die entsprechenden Langbelege des
Literaturverzeichnisses, je nach Textgattung, besprochen werden (Abschn. 6.3.2).

6.3.1   Zitationsweise innerhalb des Fließtextes

Im Rahmen Ihrer wissenschaftlichen Arbeiten muss die Übernahme fremden
Gedankengutes, ob direkt oder indirekt, *zwingend* kenntlich gemacht werden.
Dies geschieht durch entsprechende Kurzbelege, die innerhalb des Fließtextes
Angaben zur entsprechenden Quelle enthalten. Dabei gibt es für indirekte Zitate
verschiedene Varianten, wie fremdes Gedankengut übernommen werden kann
(siehe Kasten 6.2), die wiederum andere Angaben für den Kurzbeleg erfordern.
Im Allgemeinen jedoch ist der Kurzbeleg stets am Ende eines Gedankenganges
zu verorten.

Im Rahmen studentischer Arbeiten wird die wohl gebräuchlichste Variante die
sinngemäße Wiedergabe einer expliziten Textstelle sein, die durch den Nachnamen
der Autorin/des Autors, das Jahr der Veröffentlichung und den entsprechenden
Seitenbereich anzugeben ist. Eine Variation hiervon stellt die explizite Nennung
der Autorin/des Autors innerhalb des Fließtextes dar. In diesem Fall wird der Kurzbeleg nicht am Ende des Gedankengangs platziert, sondern direkt hinter der Nennung der Autorin/des Autors durch das in Klammer gesetzte Veröffentlichungsjahr
und die Angabe des Seitenbereichs. Darüber hinaus gibt es die Möglichkeit, auf

ein ganzes Werk Bezug zu nehmen. In diesem Fall reichen die Angabe des Nachnamens der Autorin/des Autors und das Veröffentlichungsjahr aus.

▶ **Kasten 6.2: Unterschiedliche Varianten von Kurzbelegen**

(Nachname Jahr, S. X-Y)	Sinngemäße Wiedergabe einer expliziten Textstelle am Ende eines Gedankenganges Beispiel: Das Drei-Säulen-Modell der Nachhaltigkeit setzt sich aus den Pfeilern Ökonomie, Ökologie und Soziales zusammen, die sich zueinander gleichrangig verhalten und durch weitere Dimensionen ergänzt werden können (Döring und Ott 2001, S. 337–338; Grunwald und Kopfmüller 2012, S. 60)
Nachname (Jahr, S. X-Y)	Sinngemäße Wiedergabe einer expliziten Textstelle, wobei der Autor innerhalb des Fließtextes genannt wird Beispiel: Koller (2001, S. 1) stellt fest, dass nur bruchstückhaft Konsens über die Bedeutung sozialer Verträglichkeit herrscht
(Name Jahr)	Inhaltliche Bezugnahme auf ein ganzes Werk Beispiel: Um eine nachhaltige Stadtentwicklung zu forcieren, formulierte die Stadt Tübingen entsprechende Leitlinien, die eine Wegweiserfunktion einnehmen (Universitätsstadt Tübingen 2003)
(ebd.) oder (ebd., S. X-Y)	Quelle wurde innerhalb des gleichen Absatzes bereits genannt (Angabe von Seitenzahlen nur, wenn abweichend zur ersten Nennung) Beispiel: Der Arbeit liegt ein mehrdimensionales Nachhaltigkeitsverständnis zugrunde. Jedoch offenbart sich die *soziale Dimension* und die ihr inhärente Forderung nach sozialer Gerechtigkeit „als Motor einer nachhaltigen Entwicklung" (Kunze 2008, S. 13). Allerdings erfährt die soziale Nachhaltigkeit in fachlichen Debatten bislang nur untergeordnet Beachtung (ebd., S. 14)

Quelle: Eigene Zusammenstellung

Grundsätzlich gilt für alle der vorgestellten Varianten, dass üblicherweise ab einer Anzahl von drei oder mehr Autor*innen die Abkürzung ‚et al.' (et alii, lat. für ‚und andere') genutzt werden kann bzw. zum Erhalt der Lesbarkeit werden sollte. In diesem Fall wird lediglich der Name der ersten Autorin/des ersten Autors mit dem nachfolgenden Verweis ‚et al.' genannt. Sollte in Ihrer Arbeit darüber hinaus der Fall eintreten, dass Sie unmittelbar hintereinander die gleiche Quelle zitieren (das erste Mal bspw. für ein direktes und das zweite Mal für ein indirektes

Zitat), können Nachname, Veröffentlichungsjahr und falls ebenso identisch der Seitenbereich durch ‚ebd.‘ (ebenda) ersetzt werden. Ist der Seitenbereich nicht identisch, wird er in gewohnter Weise angegeben. Die Nutzung dieses verkürzten Kurzbeleges ist allerdings nur innerhalb des gleichen Absatzes zulässig.

6.3.2 Erstellung des Literaturverzeichnisses

Die Angaben der Langbelege im Literaturverzeichnis unterscheiden sich je nach Literaturgattung, wobei zur eindeutigen Bestimmung verschiedene Angaben zwingend anzuführen sind (siehe dazu Kasten 6.3). Je nach Hochschule oder Forschungsbereich ergeben sich spezifische Formatierungsanforderungen. Beispielhaft wird im gesamten vorliegenden *essential* mit den Vorgaben des Verlages Springer VS gearbeitet.

▷   **Kasten 6.3: Quellenangaben der unterschiedlichen Literaturgattungen**

Monographie:
Name(n) Autor*innen (Jahr). *Titel. Falls vorhanden Untertitel* (Angaben zur Auflage). Verlagsort: Verlag.
　　Beispiel mit einer/m Autor*in: Menzl, M. (2007). *Leben in Suburbia. Raumstrukturen und Alltagspraktiken am Rand von Hamburg* (1. Auflage). Frankfurt (Main): Campus.
　　Beispiel mit zwei Autor*innen: Döring, N. & Bortz, J. (2016). *Forschungsmethoden und Evaluation in den Sozial- und Humanwissenschaften* (5., vollständig überarbeitete, aktualisierte und erweiterte Auflage). Berlin: Springer.
　　Beispiel mit mehr als zwei Autor*innen: Heineberg, H., Kraas, F. & Krajewski, C. (2017). *Stadtgeographie* (5., überarbeitete Auflage). Paderborn: Verlag Ferdinand Schöningh.

Sammelband:
Name(n) der Herausgeber*innen (Hrsg.). (Jahr). *Titel. Untertitel* (Angaben zur Auflage). Verlagsort: Verlag.
　　Beispiel: Drilling, M. & Schnur, O. (Hrsg.). (2012). *Nachhaltige Quartiersentwicklung. Positionen, Praxisbeispiel und Perspektiven.* Wiesbaden: VS Verlag für Sozialwissenschaften.

Beitrag (also ein Artikel) in einem Sammelband:
Name(n) Autor*innen (Jahr). Titel des Beitrags. Falls vorhanden Untertitel des Beitrags. In Name(n) Herausgeber*innen (Hrsg.), *Titel des Sammelbandes. Untertitel des Sammelbandes* (S. X-Y). Verlagsort: Verlag.
Beispiel: Hopfner, K. & Zakrzewski, P. (2012). Nachhaltige Quartiersentwicklung im Bestand. Zur Übertragbarkeit von Konzepten nachhaltiger Stadtentwicklung auf Bestandsquartiere. In M. Drilling & O. Schnur (Hrsg.), *Nachhaltige Quartiersentwicklung. Positionen, Praxisbeispiele und Perspektiven* (S. 45–67). Wiesbaden: VS Verlag für Sozialwissenschaften.

Aufsatz in einer Fachzeitschrift:
Name(n) Autor*innen (Jahr). Titel des Aufsatzes. Falls vorhanden Untertitel des Aufsatzes. *Name Zeitschrift* falls vorhanden Jahrgang (Heftnummer), Seitenangaben X-Y. falls vorhanden doi[1].
Beispiel: Gailing, L. & Röhring, A. (2015). Was ist dezentral an der Energiewende? Infrastrukturen erneuerbarer Energien als Herausforderung und Chancen für ländliche Räume. *Raumforschung und Raumordnung* 73 (1), 31–43. https://doi.org/10.1007/s13147-014-0322-7
Beispiel ohne Jahrgang: Jansen, H., Roost, F. & Wünnemann, M. (2016). Suburbane Nutzungsmischung? Der Wandel von Büroparks in der Region Rhein-Main. *Informationen zur Raumentwicklung* (3), 289–301.

Internetdokument:
Name(n) Autor*innen (Jahr). Titel des Dokuments. Falls vorhanden Untertitel des Dokuments. URL. Zugegriffen XX. Monat XXXX.
Beispiel: Schöbel-Rutschmann, S. (2013). Raumordnungsverfahren Großwindfarm Denklingen/Fuchstal. Landschaftsästhetisches Gutachten. https://www.regierung.oberbayern.bayern.de/imperia/md/content/regob/internet/dokumente/bereich2/rov/rov2013/5_2_gutachten_landschaftsbild_schoebel.pdf. Zugegriffen 2. November 2018.
Beispiel einer Studie: BMU (Bundesministerium für Umwelt, Naturschutz und nukleare Sicherheit) & BfN (Bundesamt für Naturschutz). (2018). Naturbewusstsein 2017. Bevölkerungsumfrage zu Natur und

---

[1]doi (Digital Object Identifier) wird zur Identifikation elektronischer Medien (z.B. Beiträge in Fachzeitschriften o.Ä.) genutzt und ist somit vergleichbar mit der ISBN bzw. ISSN von Printmedien.

biologischer Vielfalt. https://www.bmu.de/fileadmin/Daten_BMU/Pools/
Broschueren/naturbewusstseinsstudie_2017_de_bf.pdf. Zugegriffen 29.
November 2018.

Zeitungsartikel[2]:
Name(n) Autor*innen (Jahr). Titel des Artikels. Falls vorhanden Untertitel des Artikels. *Name der Zeitung*. Falls vorhanden Ausgabe. Seiten-
angabe X-Y. Ggf. URL. Zugegriffen XX. Monat XXXX.
   Beispiel: Matzig, G. (2018): Wohnungsnot. Verdichtet die Städte!
Süddeutsche Zeitung. Onlineausgabe vom 25. Juli 2018, o.S. https://
www.sueddeutsche.de/wirtschaft/wohnungsnot-deutschland-sta-
edte-1.4065024. Zugegriffen 30. November 2018.

Gesetzestext:
Abkürzung Gesetzestext (Jahr): Nennung des Gesetzestextes in der
Fassung der Bekanntmachung vom XX.XX.XXXX (BGBl. S. X-Y).
   Beispiel: BauGB (2017): Baugesetzbuch in der Fassung der Bekannt-
machung vom 3. November 2017 (BGBl. S. 3634).

Quelle: Eigene Darstellung

Während der Erstellung eines Quellenbelegs ist zwischen jenen Angaben zu
unterscheiden, die zwingend vorhanden sein müssen und jenen, die bei fehlenden
Angaben ohne Kennzeichnung ausgelassen werden können. Zu letzterem zählen
ein Untertitel und Angaben zur Auflage, die nicht immer vorhanden sind. Alle
anderen Bestandteile sind für einen korrekten Quellenbeleg zwingend notwendig.
Sollten Sie eine Quelle verwenden, deren Angaben unvollständig sind, sind diese
als fehlend zu kennzeichnen. Ein fehlendes Jahr wird in der Regel durch ‚o. J.'
(ohne Jahr), fehlende Seitenangaben durch ‚o. S.' (ohne Seite), fehlender Verlag
durch ‚o.V.' (ohne Verlag) usw. gekennzeichnet. Einen weiteren Sonderfall stellt
die Verwendung von zwei oder mehreren Quellen derselben Autorin/desselben
Autors dar, die im identischen Jahr veröffentlicht wurden. In diesem Fall ist entsprechend des alphabetisch ersten Buchstabens/der alphabetisch ersten Buchstaben des Titels zu ordnen und die Titel hinter der Jahresangabe mit einem ‚a',
‚b', usw. zu versehen (Kasten 6.4).

---

[2]Zeitungsartikel stellen für eine wissenschaftliche Arbeit keine hinreichende Quelle dar, auf
die sich inhaltlich gestützt werden sollte, weswegen sie unbedingt kritisch zu betrachten
sind. Sie können jedoch verwendet werden, wenn sie Forschungsgegenstand sind oder der
Illustration dienen.

▷ **Kasten 6.4: Umgang mit Quellen des gleichen Autors/der gleichen Autorin und Veröffentlichungsjahr**

Linke, S. (2017a). Ästhetik, Werte und Landschaft –[3] eine Betrachtung zwischen philosophischen Grundlagen und aktueller Praxis der Landschaftsforschung. In O. Kühne, H. Megerle & F. Weber (Hrsg.), *Landschaftsästhetik und Landschaftswandel* (S. 23–40). Wiesbaden: Springer VS.

Linke, S. (2017b). Räumliche Wandlungsprozesse in ländlich bezeichneten Regionen im Kontext des gesellschaftlichen Wertewandels. In P. Droege & J. Knieling (Hrsg.), *Regenerative Räume. Leitbilder und Praktiken nachhaltiger Raumentwicklung* (S. 281–294). München: Oekom-Verlag.

Quelle: Eigene Darstellung

Abschließend werden die Quellenbelege des Literaturverzeichnisses Ihrer Arbeit stets alphabetisch nach dem Nachnamen der/s ersten Autorin/Autors geordnet. Bei mehreren Quellen der/s gleichen Autorin/Autors wird nach den Jahren der Veröffentlichungen geordnet, wobei aufsteigend sortiert wird bzw. bei gleicher/m Autor/Autorin und gleichem Veröffentlichungsjahr entsprechend den Zusätzen. Es empfiehlt sich, pro Beleg ab der zweiten Zeile jeweils einzurücken, um die Übersichtlichkeit zu erhöhen (Kasten 6.5).

▷ **Kasten 6.5: Praxisbeispiel eines Literaturverzeichnisses**

BauGB (2017): Baugesetzbuch in der Fassung der Bekanntmachung vom 3. November 2017 (BGBl. S. 3634)	Gesetzestext
Drilling, M. & Schnur, O. (Hrsg.). (2012). *Nachhaltige Quartiersentwicklung. Positionen, Praxisbeispiel und Perspektiven.* Wiesbaden: VS Verlag für Sozialwissenschaften	Angabe eines kompletten Sammelbandes

---

[3]An dieser Stelle sei auch auf die Unterscheidung zwischen - und – hingewiesen. Ein Gedankenstrich fällt, wie im Titel von Simone Linke, länger als ein Minus aus. Auch hier ist auf Einheitlichkeit zu achten, da Microsoft Word bspw. nicht immer automatisch aus einem Minus einen Gedankenstrich macht. Umgekehrt entsteht manchmal ein Gedankenstrich, wenn ein Minus erforderlich wäre, z. B. „Interessenkonstellationen und -konflikte".

Heineberg, H., Kraas, F. & Krajewski, C. (2017). *Stadtgeographie* (5., überarbeitete Auflage). Paderborn: Verlag Ferdinand Schöningh	Monographie mit mehr als zwei Autor*innen
Jansen, H., Roost, F. & Wünnemann, M. (2016). Suburbane Nutzungsmischung? Der Wandel von Büroparks in der Region Rhein-Main. *Informationen zur Raumentwicklung* (3), 289–301	Artikel in Fachzeitschrift ohne Jahrgang
Linke, S. (2017a). Ästhetik, Werte und Landschaft – eine Betrachtung zwischen philosophischen Grundlagen und aktueller Praxis der Landschaftsforschung. In O. Kühne, H. Megerle & F. Weber (Hrsg.), *Landschaftsästhetik und Landschaftswandel* (S. 23–40). Wiesbaden: Springer VS Linke, S. (2017b). Räumliche Wandlungsprozesse in ländlich bezeichneten Regionen im Kontext des gesellschaftlichen Wertewandels. In P. Droege & J. Knieling (Hrsg.), *Regenerative Räume. Leitbilder und Praktiken nachhaltiger Raumentwicklung* (S. 281–294). München: Oekom-Verlag	Zwei Beiträge in einem Sammelband derselben Autorin, die im gleichen Jahr veröffentlicht wurden
Schöbel-Rutschmann, S. (2013). Raumordnungsverfahren Großwindfarm Denklingen/Fuchstal. Landschaftsästhetisches Gutachten. https://www.regierung.oberbayern.bayern.de/imperia/md/content/regob/internet/dokumente/bereich2/rov/rov2013/5_2_gutachten_landschaftsbild_schoebel.pdf. Zugegriffen 02. August 2018.	Internetdokument

Quelle: Eigene Zusammenstellung

Zur professionellen Verwaltung von Quellenbelegen stehen Ihnen unterschiedliche (in Teilen frei verfügbare) Literaturverwaltungsprogramme zur Verfügung, mit deren Hilfe anhand der genutzten Quellen ein automatisiertes Literaturverzeichnis generiert und fortlaufend aktualisiert werden kann. Die Verwendung solcher Programme ist Ihnen freigestellt, empfiehlt sich jedoch spätestens für längere Abschlussarbeiten. Neben Citavi sind einige der gängigsten Literaturverwaltungsprogramme EndNote, RefWorks, Zotero und Mendeley. Hier empfiehlt sich zu prüfen, ob Sie über Ihre Hochschule freien Zugang zu einem solchen Literaturverwaltungsprogramm erhalten können.

Jenseits der schriftlichen Arbeit: Wie präsentiere ich meine Forschungsergebnisse?

7

In Ergänzung zur schriftlichen Arbeit mit deren zu beachtenden Vorgaben (Kap. 2 bis 6) werden Ihnen in diesem Kapitel Möglichkeiten erläutert, eigene Forschungsergebnisse vorzustellen. Dazu zählen neben der Präsentation (Abschn. 7.1) auch wissenschaftliche Poster (Abschn. 7.2) und Filme (Abschn. 7.3). In den folgenden Ausführungen werden Sie feststellen, dass es bezüglich der Anforderungen an eine wissenschaftliche Arbeitsweise eine große Schnittmenge zwischen der schriftlichen Arbeit und den sprachlichen und visuellen Möglichkeiten der Präsentation von Forschungsergebnissen gibt.

7.1 Die Präsentation: Wissenschaftliche Ergebnisse sprachlich-visuell vermitteln

Der rote Faden nimmt wie in der schriftlichen Arbeit auch in einer wissenschaftlichen Präsentation eine bedeutende Rolle ein. Eine inhaltlich klar strukturierte Präsentation ist das wesentliche Element, damit Ihre Zuhörer*innen Ihnen nicht nur zuhören, sondern auch inhaltlich folgen können. Denn während einer Präsentation haben diese nicht, wie bei einer schriftlichen Arbeit, die Möglichkeit, zurückzublättern, falls ihnen ein Zusammenhang nicht klar wurde. Sie sind vielmehr gänzlich auf Ihre Erläuterungen angewiesen. Achten Sie also stets darauf, Ihre Zuhörer*innen leicht nachvollziehbar durch Ihre Präsentation zu führen. Diesen roten Faden können Sie nicht nur sprachlich während Ihrer Präsentation hervorheben, sondern ebenso durch einen entsprechenden inhaltlichen Aufbau verdeutlichen. Zu diesem Zweck sollte Ihre Präsentation über folgende Elemente

© Springer Fachmedien Wiesbaden GmbH, ein Teil von Springer Nature 2019
H. Kindler et al., *Wissenschaftlich Arbeiten in Geographie und Raumwissenschaften*, essentials, https://doi.org/10.1007/978-3-658-25631-9_7

verfügen (Abweichungen können sich dabei ergeben, etwa bei reinen Literaturarbeiten):

1. Titelfolie: Nennung des Titels und der Forschungsfrage oder Problemstellung
2. Gliederungsfolie: Darstellung der einzelnen Kapitel
3. Erläuterung theoretischer/konzeptioneller Grundlagen
4. Erläuterung methodischer Grundlagen
5. Vorstellung der zentralen Forschungsergebnisse
6. Abschließendes Fazit.

Auch über eine wissenschaftliche Präsentation spannt sich damit ein erzählerischer Bogen, der die Zuhörer*innen zu einer zunehmenden inhaltlichen Schärfe und Konkretisierung bezüglich der Forschungsfrage/Problemstellung ‚mitnimmt'. Zur visuellen Unterstützung gehören Power Point und Prezi mittlerweile zum Standardrepertoire von Redner*innen, so auch bei wissenschaftlichen Präsentationen. Achten Sie jedoch auf einen sinnvollen Einsatz. Lobin (2012, S. 50–51) leitet in Anlehnung an wahrnehmungspsychologische Studien folgende Kriterien für Präsentationen ab:

1. Es dürfen nur jene Informationen in Stichworten (nicht in ganzen Sätzen) visualisiert werden, die zum guten Verfolgen der Präsentation relevant sind (angemessenes Mittelmaß zwischen zu viel und zu wenig Informationen beachten)
2. Verwenden Sie eine Gliederungsfolie, um den roten Faden der Präsentation hervorzuheben.
3. Die inhaltliche Tiefe nimmt mit der Folienzahl zu.
4. Nutzen Sie die Möglichkeiten heutiger Folienlayouts, um den Anfang neuer Themeneinheiten zu verdeutlichen.

In Ergänzung zu diesen gestalterischen Empfehlungen sind bei einer wissenschaftlichen Präsentation ein korrekter Umgang mit Quellenbelegen und eine angemessene Literaturgrundlage unerlässlich. In wissenschaftlichen Präsentationen werden, ebenso wie in schriftlichen Arbeiten, zunehmend direkt auf der Folie Kurzbelege sowie ausführliche Quellenbelege angegeben (dazu Abb. 7.1). So ersparen Sie sich eine Quellenfolie ganz am Ende, die meistens in der Kürze der Zeit keine Beachtung findet oder verhindert, dass Sie Ihre Präsentation mit einer Abschlussfolie nachvollziehbar abrunden und beenden.

Stadtentwicklung in Frankreich

Umbrüche in den Vorstädten, den *banlieues*:

* Krise politisch und medial seit 1970er Jahren im Fokus
* bauliche, sicherheits-, kulturellbezogene Krisen (Glasze und Weber 2014)
* aber: nicht alle *cités* in den *banlieues* heute ‚Problemgebiete'
* starke negative Assoziationen überdecken andere Facetten (Marchal et al. 2016)

* „Im Gegensatz zum geläufigen Bild sind diese Stadtviertel keine homogenen Räume, die ausschließlich die Handicaps und die geographische Abgeschlossenheit anhäufen" (Avenel 2004, S. 20-21, übersetzt)

> Avenel, C. (2004). *Sociologie des quartiers sensibles*. Paris: Armand Colin.
>
> Glasze, G. & Weber, F. (2014). Die Stigmatisierung der *banlieues* in Frankreich seit den 1980er Jahren als Verräumlichung und Ethnisierung gesellschaftlicher Krisen. *Europa regional* 20 (2012) (2-3), 63-75.
>
> Marchal, H., Stébé, J.-M. & Bertier, M. (2016). Die französische *banlieue* mit den zwei Gesichtern des Januskopfes. In F. Weber & O. Kühne (Hrsg.), *Fraktale Metropolen. Stadtentwicklung zwischen Devianz, Polarisierung und Hybridisierung* (S. 93-116). Wiesbaden: Springer VS.

Abb. 7.1 Beispielhafte Powerpoint-Folie für den Umgang mit Textbelegen. (Quelle: Eigene Darstellung)

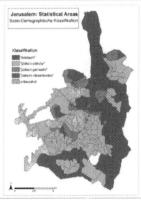

Digitale Geographien

Abb. 3: Klassifikation der Jerusalemer *Statistical Areas* entsprechend sozialdemographischer Merkmale

Quelle: Bittner, C. (2014). Reproduktion sozialräumlicher Differenzierungen in OpenStreetMap: das Beispiel Jerusalem. *Kartographische Nachrichten* 64 (3), 136-144, hier: 142.

Abb. 7.2 Beispielhafte Powerpoint-Folie für den Umgang mit Abbildungen. (Quelle: Eigene Darstellung)

Verwenden Sie Abbildungen, Tabellen oder sonstige Visualisierungen, ist auch hier stets ein Quellenverweis zu vermerken (siehe Abb. 7.2).

Ein grundlegender Unterschied zur schriftlichen Ausführung liegt in der Sprache. Es ist zwar nach wie vor auf eine wissenschaftlich korrekte und präzise Wortwahl zu achten, allerdings sollten Sie gleichzeitig lebendig präsentieren und bei Ihren Zuhörer*innen nicht den Eindruck erwecken, dass Sie ablesen (Hug und Poscheschnik 2015, S. 195). Hier empfiehlt es sich unbedingt, Ihre Präsentation im Vorfeld zu üben. So wird es Ihnen nicht nur einfacher fallen, in Ihrem Seminar, Kolloquium etc. freier und lebendiger vortragen zu können, sondern darüber hinaus können Sie gleichzeitig Ihr Zeitmanagement prüfen und gegebenenfalls entsprechend vorhandener Vorgaben anpassen.

Neben Präsentationen im Vorlesungssaal oder Seminarraum gehören in Geographie und Raumwissenschaften Vorstellungen von einzelnen Themen oder Themenblöcken im Rahmen von Exkursionen zum Standardrepertoire. Auch hier ist ein klarer roter Faden entscheidend. Visualisierungen mit Karten, Fotos, Diagrammen etc. bieten sich zur Illustration an, müssen aber zur Lesbarkeit für ganze Gruppen in ausreichender Größe vorbereitet werden. Eine frühzeitige Planung mit der Erstellung eines Ablaufschemas und verknüpften zu präsentierenden Inhalten ist vor diesem Hintergrund unerlässlich (hierzu ausführlicher bspw. Glasze und Weber 2012). Darüber hinaus ergeben sich bei der Präsentation von Inhalten auf Exkursionen Spezifika, die zu beachten sind: Äußere Einflüsse, wie Hitze, Lärm, Niederschlag oder die Erschöpfung der Teilnehmer*innen, können es erfordern, einen anderen, suboptimalen Standort zu wählen oder die vorbereiteten Inhalte in stark komprimierter Form dazustellen. Da komplexe Zusammenhänge häufig nur in Verbindung mit Themen anderer Referent*innen dargestellt werden können, empfiehlt es sich, noch stärker als im Seminar, die eigenen Inhalte verinnerlicht zu haben, um so spontan, an geeigneten Standorten, ergänzen und kontextualisieren zu können.

7.2   Das Poster: Viel aussagen auf wenig Raum

Poster sind im wissenschaftlichen Kontext ein häufig genutztes Medium, um Forschungsergebnisse kurz und bündig darzustellen. Der Sinn und Zweck eines wissenschaftlichen Posters besteht darin, auch ohne ergänzende Erläuterungen für die Betrachter*innen den Inhalt verständlich darzustellen. Dies sollten Sie bei der Konzeption eines Posters stets berücksichtigen.

Wissenschaftliche Poster werden häufig in DIN A0-Größe gedruckt, was bedeutet, dass der eigene Inhalt auf ca. 84 cm x 112 cm verständlich präsentiert werden muss. Je nach Umfang der eigenen Forschung kann dies durchaus als ‚Mammutaufgabe' erscheinen. Die folgenden Hilfestellungen sollen Sie dabei unterstützen, diese Aufgabe mit einem zufriedenstellenden Ergebnis zu meistern. Wird sich der begrenzte Platz und die Tatsache, dass ein Poster auch aus einer Entfernung von ca. zwei Metern noch gut lesbar sein sollte (Hoffmann und Helmle o. J.), vergegenwärtigt, ergibt sich schon von selbst, dass Forschungsergebnisse inhaltlich in sehr komprimierter Form darzustellen sind. Nur so kann eine ausreichend große Schrift die Lesbarkeit auch aus einiger Entfernung gewährleisten. Als geeignete Schriftart empfehlen sich all jene, die auf Serifen[1] verzichten (Hoffmann und Helmle o. J., o. S.).

Das Layout Ihres Posters sollte so gewählt sein, dass Ihr Forschungsthema sowie Ihre Forschungsfrage oder Problemstellung für Ihre Betrachter*innen schnell ersichtlich werden. Darüber hinaus werden Inhalte stets der Leserichtung, also von oben nach unten und links nach rechts, angeordnet, wobei es sich empfiehlt, die einzelnen inhaltlichen Komponenten sichtbar voneinander abzugrenzen. Eine bewährte Methode hierfür sind Textboxen. Auch der rote Faden Ihres Posters kann für eine verständlichere Darstellung visualisiert werden. So können Sie die einzelnen Textboxen bspw. mit entsprechenden Zahlen, Buchstaben oder Pfeilen versehen oder sie leiten tatsächlich mithilfe eines roten Fadens, bspw. in Form einer Linie, durch Ihr Poster. Je größer das Poster, umso eher sollten Sie mit Spalten arbeiten. Bei A0 ist ein Text von ganz links nach ganz rechts sehr schwer lesbar. Darüber hinaus ist darauf zu achten, wo immer der Inhalt es zulässt, Visualisierungen einem Text vorzuziehen. Die theoretische/ konzeptionelle Grundlage Ihrer Arbeit und/oder Ihr methodisches Vorgehen können z. B. in einem Schaubild dargestellt werden, indem Sie die einzelnen Schritte prozesshaft visualisieren. Sind Sie quantitativ vorgegangen, empfiehlt es sich, die zentralen Forschungsergebnisse in Diagrammen darzustellen, wobei auch quantitative Forschungsergebnisse häufig als Schaubild verständlich gezeigt werden können. Ergänzend können Sie dann prägnante und stichpunktartige textliche Ergänzungen vornehmen.

Inhaltlich baut sich ein wissenschaftliches Plakat in der Regel aus folgenden Bestandteilen auf:

1. Nennung des Forschungsthemas
2. Nennung der Frage- bzw. Problemstellung
3. Inhaltliche Einführung in die theoretischen/konzeptionellen Grundlagen
4. Methodisches Vorgehen
5. Visualisierung der zentralen Forschungsergebnisse

---

[1]Eine serifenlose Schrift ist bspw. Arial, während Times New Roman eine Schrift mit Serifen ist. Als Serifen werden jene feine Linien bezeichnet, die die Buchstabenenden quer zur Linienrichtung abschließen.

6. Fazit als abschließender Überblick, ggf. mit Darstellung von Handlungs-
   empfehlungen o. ä.
7. Quellenangaben
8. Angabe Ihres Namens und des Entstehungskontextes des Posters (bspw. Kurs
   XY).

Auch hier sind wieder gewisse Überschneidungspunkte zur Gliederung einer
schriftlichen Arbeit zu erkennen. Auch bei der Postererstellung ist auf eine korrekte wissenschaftliche Zitierweise zu achten. Quellen von Abbildungen, Tabellen, Graphiken und Ähnlichem müssen genauso wie Kurzbelege eventueller
Stichpunkte genannt werden. Die Langbelege werden separat, für gewöhnlich am
unteren Ende des Posters, aufgeführt.

7.3   Der Film: Forschung in Bewegung

Im wissenschaftlichen Kontext können Filme einerseits methodisch in Form von
Forschungsfilmen eingesetzt werden, um bspw. Umbrüche im Zeitverlauf zu veranschaulichen (der Bau eines Gebäudes, die Entwicklung eines Ameisenhaufens
etc.), und andererseits als ein Medium, um Forschungsergebnisse zu präsentieren. Letztere Variante soll in diesem Kapitel einer kurzen Betrachtung unterzogen
werden.
   Der wissenschaftliche Film ist vom Dokumentarfilm abzugrenzen. Denn
Dokumentarfilme bedienen sich zwar eines wissenschaftlichen Themas, entsprechen in ihrer Konzeption allerdings in der Regel weniger wissenschaftlichen
Ansprüchen, da die Zielgruppe eines Dokumentarfilmes in erster Linie nicht
zwingend über einen wissenschaftlichen Hintergrund verfügt. Daraus ergibt
sich, dass eine publikumswirksame Gestaltung genutzt wird, um einen gewissen
Unterhaltungswert zu erlangen (Bekow 1961, S. 40). Im Vergleich lassen die
Anforderungen, die an einen wissenschaftlichen Film gestellt werden, deutliche
Parallelen zu den anfangs erläuterten Ansprüchen an eine wissenschaftliche
Arbeit erkennen (insbesondere Kap. 2, 4 und 5). Denn auch der wissenschaftliche Film ist dem Ziel unterstellt, neue Erkenntnisse darzustellen. Dabei ist nicht
nur ein Forschungsgegenstand notwendig, der von wissenschaftlicher Relevanz
ist, sondern auch eine präzise formulierte Forschungsfrage (Wolf 1967, S. 10)
(und ggf. Unterfragen), die als roter Faden für den Film dient und am Ende auf
Grundlage der angestellten Untersuchungen beantwortet wird. Im Verlauf ist eine
bewusste Gestaltung der Filmaufnahmen unabdingbar – einerseits um sicherzustellen, dass der Forschungsgegenstand möglichst wertneutral dargestellt wird

und andererseits, um sich der Limitationen der filmerischen Gestaltung von Beginn an bewusst zu sein und die Aufnahmen dahin gehend anzupassen. Da der gezeigte Forschungsgegenstand weder nach Belieben gedreht noch gewendet werden kann, sind die Betrachter*innen gänzlich auf das im Film Gezeigte angewiesen, weshalb eine besonders intensive Planung eines wissenschaftlichen Filmes unabdingbar ist (Bekow 1961, S. 42).

Fazit: Wissenschaftliches Arbeiten – kein ‚Hexenwerk‘

Um Ihr Studium erfolgreich abschließen zu können, wird es für Sie unumgänglich sein, sich die Fertigkeiten des wissenschaftlichen Arbeitens anzueignen. Und auch nach Ihrem Abschluss wird Ihnen in vielen Bereichen ein nachvollziehbares Agieren abverlangt, wozu das wissenschaftliche Arbeiten einen Beitrag leisten kann oder einen Bestandteil dargestellt. Die vorangegangenen Ausführungen sollen in knapper und verständlicher Weise einen Überblick über die Ansprüche geben, die dabei an Sie gestellt werden. Vor diesem Hintergrund widmeten wir uns in einem ersten Teil der schriftlichen wissenschaftlichen Arbeit mit einem Fokus auf längere Arbeiten, wie Hausarbeiten, Seminararbeiten oder Abschlussarbeiten. Die hier zu erfüllenden Kriterien wurden unterteilt in thematische, methodische, strukturelle, sprachliche und formale Ansprüche, denen Ihre Arbeit genügen muss. Dabei wurde vom ersten Schritt, der Themenfindung, über das methodische Vorgehen bis zur abschließenden Verschriftlichung der Entstehungsprozess einer solchen Arbeit beleuchtet.

In Ergänzung dazu wurde in einem zweiten Teil erläutert, wie Sie Ihre Forschungsergebnisse außerhalb der schriftlichen Arbeit vorstellen können. Hier wurde insbesondere auf das Format der Präsentation, des Posters und des wissenschaftlichen Filmes eingegangen. Deren Endprodukte unterscheiden sich zwar von einer gängigen schriftlichen Arbeit, allerdings ließen sich an verschiedenen Stellen im Entstehungsprozess Rückkopplungen zu eben jener erkennen. Diese bezogen sich einerseits auf den inhaltlichen Aufbau und die Quellenarbeit sowie andererseits auf die Kriterien der Verständlichkeit und einer einheitlichen und nachvollziehbaren Darstellung. Die in diesem *essential* vorgestellten Ansprüche an eine wissenschaftliche Arbeit eignen sich zusammenfassend als grundlegende

© Springer Fachmedien Wiesbaden GmbH, ein Teil von Springer Nature 2019
H. Kindler et al., *Wissenschaftlich Arbeiten in Geographie und Raumwissenschaften,* essentials, https://doi.org/10.1007/978-3-658-25631-9_8

Orientierung für die unterschiedlichen wissenschaftlichen Produkte, die Sie im Verlauf Ihres geographischen oder raumwissenschaftlichen Studiums oder auch Ihrer Promotion anfertigen werden. Im sich anschließenden Literaturverzeichnis finden Sie weiterführende Veröffentlichungen, mit denen sich unsere Ausführungen vertiefen lassen.

Was Sie aus diesem *essential* mitnehmen können

- Entwicklung eines Grundverständnisses für die Kriterien einer korrekten wissenschaftlichen Arbeitsweise.
- Die Kriterien einer wissenschaftlichen Arbeit lassen sich in thematische, methodische, strukturelle, sprachliche und formale Ansprüche aufteilen und so nachvollziehen.
- Weitere Formate, um eigene Forschungsergebnisse darzustellen, sind wissenschaftliche Präsentationen, Poster oder Filme, die jeweils speziellen ‚Spielregeln' folgen.
- Trotz unterschiedlicher Endprodukte sind vielfältige Überschneidungen zwischen einer schriftlichen Ausarbeitung und den vorgestellten weiteren Formen wissenschaftlichen Arbeitens gegeben.
- Die Beachtung der herausgestellten Anforderungen und ‚Fallstricke' ermöglicht Ihnen, den Zugang zu einem souveränen wissenschaftlichen Arbeiten zu finden.

© Springer Fachmedien Wiesbaden GmbH, ein Teil von Springer Nature 2019

H. Kindler et al., *Wissenschaftlich Arbeiten in Geographie und Raumwissenschaften,* essentials, https://doi.org/10.1007/978-3-658-25631-9

Literatur

Baade, J., Gertel, H., & Schlottmann, A. (2014). *Wissenschaftlich arbeiten. Ein Leitfaden für Studierende der Geographie* (3. aktualisierte Aufl.). Bern: Haupt.

Balzert, H., Schäfer, C., Schröder, M., & Kern, U. (2010). *Wissenschaftliches Arbeiten. Wissenschaft, Quellen, Artefakte, Organisation, Präsentation* (3. aktualisierte Aufl.). Witten: Herdecke W3L-Verlag.

Bekow, G. (1961). Aufgabe und Problematik der Gestaltung im wissenschaftlichen Film. In B. Günther (Hrsg.), *Der Film im Dienste der Wissenschaft. Festschrift zur Einweihung des Neubaus für das Institut für den Wissenschaftlichen Film* (S. 40–51). Göttingen: Hubert & Co.

Bensberg, G., & Messer, J. (2014). *Survivalguide Bachelor. Dein Erfolgscoach fürs ganze Studium – Nie mehr Leistungsdruck, Stress & Prüfungsangst – Bestnoten mit Lerntechniken, Prüfungstipps!*. Berlin: Springer.

Berninger, I., Botzen, K., Kolle, C., Vogl, D., & Watteler, O. (2017). *Grundlagen sozialwissenschaftlichen Arbeitens. Eine anwendungsorientierte Einführung* (2., überarbeitete Aufl.). Opladen: Budrich.

Braun, M., Füller, H., Glasze, G., Geiselhart, K., Haferburg, C., Hübner, T. & Weber, F. (2012). Wissenschaftlich Arbeiten. Recherchieren – Produzieren – Präsentieren. Erlanger Skripte zum Geographiestudium: 1. https://www.geographie.nat.fau.de/files/2018/02/ESGEO1_WissenschaftlichesArbeiten_3Aufl.pdf. Zugegriffen: 12. Nov. 2018.

Bundesamt für Strahlenschutz. (2014). Leitfaden zur praxisorientierten Beurteilung von wissenschaftlichen Berichten über Studienergebnisse. https://www.bfs.de/SharedDocs/Downloads/BfS/DE/broschueren/emf/leitfaeden/leitfaeden-emf-wiss-artikel.pdf?__blob=publicationFile&v=7. Zugegriffen: 7. Nov. 2018.

Ebster, C., & Stalzer, L. (2017). *Wissenschaftliches Arbeiten für Wirtschafts- und Sozialwissenschaftler* (5., überarbeitete u. erweiterte Aufl.). Wien: Facultas Verlags- und Buchhandels AG.

Egner, H. (2010). *Theoretische Geographie*. Darmstadt: WBG.

Endruweit, G. (2015). *Empirische Sozialforschung. Wissenschaftstheoretische Grundlagen*. Konstanz: UVK.

Esselborn-Krumbiegel, H. (2017a). *Richtig wissenschaftlich schreiben. Wissenschaftssprache in Regeln und Übungen* (5., aktualisierte Aufl.). Paderborn: Ferdinand Schöningh.

© Springer Fachmedien Wiesbaden GmbH, ein Teil von Springer Nature 2019
H. Kindler et al., *Wissenschaftlich Arbeiten in Geographie und Raumwissenschaften*, essentials, https://doi.org/10.1007/978-3-658-25631-9

Esselborn-Krumbiegel, H. (2017b). *Von der Idee zum Text. Eine Anleitung zum wissenschaftlichen Schreiben* (5., aktualisierte Aufl.). Paderborn: Ferdinand Schöningh.

Franck, N. (2017). *Handbuch Wissenschaftliches Arbeiten. Was man für ein erfolgreiches Studium wissen und können muss* (3., vollständig überarbeitete u. aktualisierte Aufl.). Paderborn: Ferdinand Schöningh.

Franck, N., & Stary, J. (2013). *Die Technik wissenschaftlichen Arbeitens. Eine praktische Anleitung* (17., überarbeitete Aufl.). Paderborn: Ferdinand Schöningh.

Frank, A., Haacke, S., & Lahm, S. (2013). *Schlüsselkompetenzen: Schreiben in Studium und Beruf* (2., aktualisierte u. erweiterte Aufl.). Stuttgart: J.B. Metzler.

Franke, F., Kempe, H., Klein, A., Rumpf, L., & Schüller-Zwierlein, A. (2014). *Schlüsselkompetenzen: Literatur recherchieren in Bibliotheken und Internet* (2. aktualisierte u. erweiterte Aufl.). Stuttgart: J.B. Metzler.

Glasze, G. & Weber, F. (2012). Exkursionsdidaktik. Erlanger Skripte zum Geographiestudium: 2. https://www.geographie.nat.fau.de/files/2018/02/ESGEO2_Exkursionsdidaktik.pdf. Zugegriffen: 17. Nov. 2018.

Hoffmann, V. & Helmle, S. (o. J.). Gestaltung von wissenschaftlichen Postern. https://www.researchgate.net/profile/Volker_Hoffmann2/publication/265410676_Gestaltung_von_wissenschaftlichen_Postern_1/links/54a2da600cf256bf8bb0dbfd/Gestaltung-von-wissenschaftlichen-Postern-1.pdf?origin=publication_detail. Zugegriffen: 16. Nov. 2018.

Hug, T., & Poscheschnik, G. (2015). *Empirisch forschen. Die Planung und Umsetzung von Projekten im Studium* (2., überarbeitete Aufl.). Konstanz: UVK.

Karmasin, M., & Ribing, R. (2017). *Die Gestaltung wissenschaftlicher Arbeiten. Ein Leitfaden für Facharbeit/VWA, Seminararbeiten, Bachelor-, Master-, Magister- und Diplomarbeiten sowie Dissertationen* (9. überarbeitete u. aktualisierte Aufl.). Wien: Facultas Verlags- und Buchhandels AG.

Kornmeier, M. (2016). *Wissenschaftlich schreiben leicht gemacht. Für Bachelor, Master und Dissertation* (7. aktualisierte u. ergänzte Aufl.). Stuttgart: Haupt Verlag.

Lobin, H. (2012). *Die wissenschaftliche Präsentation. Konzept – Visualisierung – Durchführung.* Paderborn: Ferdinand Schöningh.

Moll, M., & Thielmann, W. (2017). *Wissenschaftliches Deutsch. Wie es geht und worauf es dabei ankommt.* Konstanz: UVK.

Niedermair, K. (2010). *Recherchieren und Dokumentieren. Der richtige Umgang mit Literatur im Studium.* Konstanz: UVK.

Oertner, M., St. John, I., & Thelen, G. (2014). *Wissenschaftlich schreiben. Ein Praxisbuch für Schreibtrainer und Studierende.* Paderborn: Wilhelm Fink.

Rettig, H. (2017). *Wissenschaftliche Arbeiten schreiben.* Stuttgart: J.B. Metzler.

Rost, F. (2018). *Lern- und Arbeitstechniken für das Studium* (8. Aufl.). Wiesbaden: Springer VS.

Sesink, W. (2012). *Einführung in das wissenschaftliche Arbeiten inklusive E-Learning, Web-Recherche, digitale Präsentation u. a* (9. Aufl.). München: Oldenburg.

VGDH. (2014). Anerkannte geographische Fachzeitschriften. http://vgdh.geographie.de/anerkannte-geographie-fachzeitschriften. Zugegriffen: 16. Nov. 2018.

Voss, R. (2017). *Wissenschaftliches Arbeiten … leicht verständlich!.* Konstanz: UVK & Lucius.

Wirth, E. (1979). *Theoretische Geographie.* Stuttgart: Teubner.

Wolf, G. (1967). *Der Wissenschaftliche Dokumentationsfilm und die Encyclopaedia Cinematographica.* München: Johann Ambrosius Barth.

Printed in the United States
By Bookmasters